U0021264

智慧・工廠

迎戰資訊科技變革, 工廠管理的轉型策略

スマート. ファクトリー
戦略的「工場マネジメント」の処方箋

清威人（Taketo Sei）——著
江裕真——譯

SMART FACTORY SENRYAKUTEKI "KOJO MANAGEMENT"NO SHOHOSEN by Taketo Sei
Copyright © Taketo Sei, 2010
All rights reserved.
Original Japanese edition published by Eiji Press, Inc.

Traditional Chinese translation copyright © 2018 by EcoTrend Publications, a division of Cite
Publishing Ltd. This Traditional Chinese edition published by arrangement with Eiji Press, Inc.,
Tokyo, through HonnoKizuna, Inc. Tokyo, and Bardon-Chinese Media Agency.

經營管理 144

智慧工廠：
迎戰資訊科技變革，工廠管理的轉型策略

作　　　者	清威人（Taketo Sei）
譯　　　者	江裕真
責 任 編 輯	文及元
行 銷 企 畫	劉順眾、顏宏紋、李君宜

總　編　輯　林博華
發　行　人　涂玉雲
出　　　版　經濟新潮社
　　　　　　104台北市民生東路二段141號5樓
　　　　　　電話：(02)2500-7696　傳真：(02)2500-1955
　　　　　　經濟新潮社部落格：http://ecocite.pixnet.net
發　　　行　英屬蓋曼群島商家庭傳媒股份有限公司城邦分公司
　　　　　　台北市中山區民生東路二段141號11樓
　　　　　　客服專線：02-25007718；25007719
　　　　　　24小時傳真專線：02-25001990；25001991
　　　　　　服務時間：週一至週五上午09:30-12:00；下午13:30-17:00
　　　　　　劃撥帳號：19863813　戶名：書虫股份有限公司
　　　　　　讀者服務信箱：service@readingclub.com.tw
　　　　　　城邦網址：http://www.cite.com.tw
香港發行所　城邦（香港）出版集團有限公司
　　　　　　香港灣仔駱克道193號東超商業中心1樓
　　　　　　電話：25086231　傳真：25789337
　　　　　　E-mail：hkcite@biznetvigator.com
新馬發行所　城邦（新、馬）出版集團 Cite（M）Sdn. Bhd.（458372U）
　　　　　　41, Jalan Radin Anum, Bandar Baru Sri Petaling,
　　　　　　57000 Kuala Lumpur, Malaysia.
　　　　　　電話：603-90578822　傳真：603-90576622
　　　　　　E-mail：cite@cite.com.my
印　　　刷　漾格科技股份有限公司
初 版 一 刷　2018年1月11日

城邦讀書花園
www.cite.com.tw

ISBN 978-986-952-6364　　　　　　　　　　　版權所有・翻印必究

售價：NT$ 420　　　　　　　　　　　　　　　　　　　　Printed in Taiwan

前言
世界逐漸進入動盪期，製造業能存活嗎？

世界各地的人們都覺得，日本製造業稱霸全球。

他們也覺得，日本這個國家也是首屈一指。

誠然，到一九九〇年代初期為止，這麼想是有幾分道理。但由於韓國製造業的飛躍，以及以金磚四國[1]為代表的新興國家的企業呈現長足的進步，日本的地位已開始大受影響。根據經濟合作暨發展組織（OECD，Organization for Economic Co-operation and Development）的調查，從各國的總生產力來看，在先進國家當中，日本排在滿後面的。只有在單單以製造業這個產業比較時，日本才躋身前幾名。只是，近年來，就連這部分也漸漸令人存疑。

以國內生產毛額（GDP，Gross Domestic Product）來看，日本或許是全球第二名（按：2010年資料），但這完全是因為製造業一向很努力使然。日本沒有資源，因此為了讓國家繁榮、國民生

---

1 金磚四國（BRICs）：巴西（Brazil）、俄羅斯（Russia）、印度（India）、中國（China）等四個新興國家，國名的第一個英文字母湊起來恰為BRIC，音同英文中的磚塊（brick）。

活豐足，勢必得透過貿易賺取購買資源的資金。在這當中，最為中流砥柱的就是製造業。一直以來，日本的貿易順差，幾乎都是製造業掙來的。一直都是為數眾多的製造業，以及它們所衍生出來的中小型零組件製造商與小工廠，撐起了日本這個國家。

雷曼兄弟風暴後，製造業為了調整庫存而開始減產不久，日本就淪為貿易逆差。這件事證明，日本以製造業立國。

製造業一直以來支撐著我們的生活，今後也必須再繼續支撐下去，是日本的核心產業。但如今，它卻在全球面臨激烈競爭。

這已經是一個市場產生變化、眾多競爭者出現，一個不留神就無法存活的時代。在這個環境中，過去的成功經驗，反倒成為扯後腿的敗因。雖然世人都說日本工廠傲視全球，但最近有愈來愈多的狀況，都讓人覺得，實際上已經不是這樣了。

以我之見，日本人的優點在於，企業經營者與第一線的人員打成一片，一步一腳印踏實地不斷改善、累積成果。雖然世界很大，但擁有這種文化的民族，實屬少見。不過，相對的，這也是日本的弱點。尤其是在缺乏系統思考這一點上。

「第一線至上」的思唯固然了不起，也絕對不可或缺，但光靠這樣，已經無法在日趨嚴峻的全球競爭中勝出。還必須在自己的優點上精益求精，並逐步克服弱點。就這一點來說，學會系統思考，已成日本企業的當務之急。

由於工作的關係，我經常到亞洲各地出差。目前我針對許多進軍中國與越南的日本製造業者，提供各式的支援。近幾年來，我在國外四處造訪客戶的工廠等地點、聽取他們的意見與碰到的

問題後，深深覺得，工廠恐怕正逐漸面臨一大轉捩點。

那時，我的腦海中突然出現某種想法，可以幫工廠解決問題。一直以來，工廠並不會把內部的各式設備與生產管理等基礎系統擺在一起考量。我的看法是，只要能把雙方連結起來，將可望創造龐大的成果。

但就在我打算探索具體的可能性時，卻遍尋不著足供參考的文獻。那是尚無人觸及的領域。那麼，該怎麼做才好呢？

我突然發現，自己的周遭有許多專家存在。像是有精通工廠設備整合的人員，有參與開發工廠自動化設備的人員，也有負責打造基礎系統的人員，這些人對於箇中的關鍵要素知之甚詳。我認為，只要把他們聚集起來，應該就足以滿足絕大部分的人員需求。

我也一樣，原本我是汽車公司的生產技術人員，後來成為顧問後，又長年從事生產管理系統、供應鏈管理（SCM，Supply Chain Management）等諮詢工作，因此我把自己想了很久的問題，拿出來和這些有才幹的人員進行了多次討論，著手於打造工廠管理的新概念。

從中誕生的產物，就是這本書。

我們打造出來的概念叫「智慧工廠」（smart factory），雖然其中或多或少有些部分只是先有想像而已，但我很有信心，它基本上是個頗為符合現實狀況的概念。

全球競爭日益激烈，從事製造業，尤其是工廠管理的管理階層朋友，都面臨各種難題。我想，在這些朋友當中，應該有

愈來愈多的人，對於把製造執行系統（MES，Manufacturing
Execution System）與工廠自動化（FA，Factory Automation）
設備連結到基礎系統上，會感到有興趣，視之為讓製造業存活下
去的處方箋。

對這樣的朋友來說，本書會是你們絕佳的指導手冊。

我在撰寫本書時，除了解說技術之外，也從管理的角度，探
討該如何逐步善用這些技術。除非抱持著明確的策略以及目的意
識，並據以掌握整個系統，否則製造業將無從開創未來。

本書若能為日本製造業提升競爭力、在全球競爭激烈的巨變
中提供一點助力，將是我的榮幸。

2010年6月 清威人

好了，在進入正文之前，請各位讀者先回答以下問題。

為降低二氧化碳排放量，其中一項做法是，必須降低三成的用電量。

那麼，身為工廠的廠長，你會先做什麼事？

不是要你分析現況，而是要請你提出具體的解決方案。

這個問題在最近看起來，會讓人覺得是個常見的簡單問題。假如是從未實際管理過工廠的人（就算他們曾經想像過工廠的管理不是件容易的事），可能會覺得這問題馬上就能回答得出來吧？但事實上，這並非易於回答的問題。

在為數眾多的製造業當中，現在還有多少人，能夠自信滿滿地回答這個問題？

不知道從什麼時候開始，我們的工廠已經漸漸追不上社會期待我們呈現的模樣了。

為何事情會走到這個地步呢？

該怎麼做才能解決這問題呢？

第一章　製造業目前面臨的危機

巨變迫使製造業必須變革。
環境究竟出現了什麼變化？首先要知道，
製造業身處於何種危機狀況當中。

【危機一】二氧化碳要減量！

二〇〇九年九月，日本的民主黨上台，向世界宣告了很有企圖心的目標，要降低二十五％的二氧化碳排放量。

此舉固然贏得了「政策很有帶頭之效」的稱許，但令人也記憶猶新的是，以日本企業界為中心，出現一股強烈的擔憂與質疑聲。

另一方面，近年來，有愈來愈多的企業竄改環保數據，在大眾媒體上鬧得沸沸揚揚。例如，二〇〇七年，媒體就曾報導，製紙業有工廠排放了超出法定標準值的氮氧化物（NOx），還竄改部分數據。

一九九七年左右，自從簽署京都議定書以來，企業已開始在環保的角度下，針對自身的經濟活動設定各種目標，尤其是在追求降低二氧化碳的排放量上。

雖然如此，所帶來的衝擊，倒是未曾大到足以顛覆企業的整體活動。

企業界或製造業的發展方向，能夠與「環保」之間相契合的地方，固然已漸漸變多，但還不到足以讓人「實際有感」的地步。

「排放量造假」或許是起因於企業所做的錯誤選擇，那就是只要違法動點手腳，就能實現目標值。另一個很大的原因是，

企業看準了這有助於「排放權交易¹」或是「以環保・環境為關鍵字，履行企業社會責任、推動品牌行銷」。

「二氧化碳減量二十五％」這個目標，並非周遭的技術所能解決。但這件事卻也成了擺在我們眼前的一個機會。針對此一目的或目標所做的討論就不用說了，就連針對實現的可能性所做的討論，也驟然增加了不少。這是為什麼呢？原因在於，產業界假如不推動「徹頭徹尾的改革」或「創新」，將無法達成這樣的目標值。

就算去談論這個目標是否有其正當性，也無法解決問題。二氧化碳減量已是世界的潮流，只要企業是社會的一分子，就不能迴避應有的社會責任。

狀況已經不容許企業浪費時間了。需要的不是無止境的討論，而是為實現目標的具體對策以及時間表。

那麼，企業該做些什麼事？首先，得要熟知自己公司的現況。但又有多少企業，能夠精確地掌握自己公司的現況呢？或許有些企業熟知公司某些部分的現況，但應該可以說，沒有一家企業能夠掌握公司的整體現況吧？

二氧化碳的減量是媒體很愛探討的議題，民眾對於這個議題

1　企業把政策制定者（政府）分配的許可排放量拿到市場中買賣。若企業透過自己的努力減少汙染物（如二氧化碳）的排放，那麼多出來的許可排放量，就可以拿去轉賣獲利。因為擴大生產而導致許可排放量不足的生產機構，則可以買進許可排放量，以符合排放規範。

的認知度應該也滿高的。但是以企業為單位來看,能夠體認到「二氧化碳減量」(減碳)真正會帶來何種影響的企業,似乎還不是那麼多。

此外,在實際的規範面,不少法令已經慢慢的愈來愈具體,像是《節能法》和《地球暖化對策法》,以及東京都的《環境確保條例》等,也有一些已經開始上路了。企業必須盡早因應、擬定具體對策。企業針對二氧化碳減量所採取的做法,將會左右其生死存亡。

圖 1-1　節能法修正（2010 年實施的部分）

近年來，在能源消費量漸漸增加的民生部門（辦公大樓等），也開始推動能源使用的合理化，因此才針對節能法做修正。修法後，過去不屬於節能法規範對象的辦公大樓或中小規模的工廠，都成了節能法的規範對象。

既有的節能法：以工廠或事業所為規範的單位

第一類工廠

一年使用 3,000kL*
以上能源

- 各工廠需自行採取的節能措施
- 需由具有能源管理師資格者擔任能源管理負責人
- 每年要節能 1% 以上
- 需提交中長期節能計畫

第二類工廠

一年使用 1,500kL*
以上能源

- 各工廠需自行採取的節能措施
- 需由具有能源管理師資格者擔任能源管理負責人
- 每年要節能 1% 以上

辦公大樓、小規模工廠

一年使用 1,500kL*
以下能源

- 不在規範之列

現行節能法：以企業為規範的單位

第一類工廠　　第二類工廠　　辦公大樓、小規模工廠

- 全企業每年使用 1,500kL*以上能源

- 需有企業整體以及各工廠或辦公大樓個別的節能措施
- 需由具有能源管理師資格者擔任能源管理負責人
- 每年要節能 1% 以上
- 需提交中長期節能計畫

（＊＝原油換算量）

【危機二】要確保資源！

　　伴隨著經濟的發展，資源漸漸成為新興國家的嚴重問題。中國、印度的發展對於資源取得競賽所帶來的衝擊，超過我們的想像。中國與印度都是人口在十億以上的國家，但GDP在全球排名第一與第二名的美國與日本，人口加起來也才四億左右，因此中印兩國會需要數倍於美日的資源。若再把能源效率[2]等因素考量在內，中印兩國需要的資源，或許會是美日所需總額的十倍以上。

　　不只中國、印度，有「金磚四國」之稱的新興國家，其經濟發展都有搶眼之處。這幾國對於資源的需求，都只會隨著經濟的發展而愈來愈高而已。如果財貨的價格取決於供需間的平衡，那麼只要資源的供給量無法大幅增加，其價格自然就會不斷上漲，一直漲到與改用替代品的成本相同為止。這幾年，中國之所以著力於資源外交，可說就是這種危機感的表徵。

　　二〇〇八年發生的原油價格高漲，顯示資源取得競賽激烈的程度，已經漸漸變成眼前的現實了。在雷曼兄弟風暴的影響下，原油價格雖然相較之下比當時穩定，但從長期趨勢來看，毫無疑問還是呈現上漲態勢。

　　要想節約資源，就必須在產品或零組件的生命週期中，逐步

2　運用能源時，實際發揮效用的部份占總消耗量的比值。

把資源消費量的總值控制在最小程度。就算零組件所包括的資源量不多，但只要生產該零組件的過程中需要的資源很多，就節約不了資源。

今後在工廠裏，針對生產物品所需要的資源（尤其是能源資源），必須逐步減少其使用量。也就是以下資源：

- 水
- 瓦斯
- 電力
- 重油等液體燃料

這不只是為了要透過減少資源的消費以降低成本，也能直接促成二氧化碳的減量，因此今後各界應該會愈來愈體認到其必要性。

企業若無法在產品本身以及其製造工程（製程）中控管資源的消費，經營恐怕會陷入困境。無論從產品成本的角度來看，還是從二氧化碳減量的社會責任來看，這樣的企業都沒有資格在全球的企業競爭中存活下去。

不著手於節約資源的企業，早晚會被迫退出市場。

【危機三】要負起社會責任！

企業是社會的公器。出於這樣的立場，「企業的經營要遵循法規」這句話，以及關注相關法規的動向，就變成一種常識，事到如今其實沒什麼好值得大書特書的。

不過，事實上，近十年左右，在「法規遵循」（compliance，合規）的範疇內，增加了不少企業必須為之做好準備的新體制或新規定。在製造業的部分尤其顯著。

要想談論製造業的現況，就不能低估近幾年法規的遵循對於企業的活動帶來了多大的影響。

為此，我試著具體舉出實際對還是個與廠商的本國之間漸漸不再有時間差的市場製造業的企業活動造成**實際制約效應**的三大法規遵循要件。

- 與健康、環保相關的規定
- 製造物責任法（PL法）與消費者保護
- 內控規定（J-SOX法）

與健康、環保相關的規定

由於健康與環保意識高漲，歐洲開始討論與制定REACH[3]、RoHS[4]等各種規範。針對遭這些規範限制使用的原料與材料物質，企業必須嚴格管理其使用以及使用量。

一旦企業的產品中，受規範物質的用量超出「容許量」，或是產品中用到了已遭禁用的原料或材料而遭發現，企業將被迫採取斷然的因應措施。例如，企業的產品若遭發現含有禁用物質，就必須負責回收已流通到市場中的所有產品。

無論是事前的管理與事後的處理，都不是只靠一家公司就能處理的規模，必須由多家公司一起，針對特定零件或產品，完全掌握其狀況。為了實現環保、為了遵循法規而新產生的大量出於管理目的之活動等，這對於企業來說是全新的負荷，可能成為排擠到一般業務、迫使製造業變革的重大因素。

先前提及的二氧化碳減量也是，假如最終減量目標高達二十五％，就算全面重新檢視製造業既有的做法，能否達成，都還是

3　REACH全名為「化學品之註冊、評估、許可與限制」（Registration, Evaluation, Authorization and Restriction of Chemicals），為一化學物質之規範，歐盟於二〇〇七年六月起施行。

4　RoHS全名為「電機電子產品中有害物質禁限用指令」（The Restriction of Hazardous Substances in Electrical and Electronic Equipment），是一套與電子‧電氣設備的特定有害物質之使用限制相關的規範。歐盟於二〇〇六年七月施行。

個未知數。

不光二氧化碳減量的問題，為因應今後日漸增加的各種規範，我們該在什麼時候推動什麼樣的創新才好？

為此，製造業勢必得從嶄新的環保角度，**以前所未有的方式測量與管理**諸多企業活動與生產活動。但這些工作又該「如何」落實？製造業的幹部們，尚未找到最適切的方法論。

身處於法規遵循與環保的全球性潮流中，輿論對於製造業應該負起的責任，要求只會增加，不可能減少。任何製造業，都難逃此一潮流。

製造物責任法（PL法）與消費者保護

與環保規範一樣，製造業的「製造物責任」，也是這幾年經常發生、具象微性的事件。例如，食品中混入毒物的案子，或是在市面上銷售超過消費期限的產品，都在社會上惹出頗大的騷動。引發問題的廠商或流通企業遭追究「責任」，甚至於在幾個月後被迫破產。

對諸多消費者而言，食品安全是不容忽視的一大問題。因此在媒體接連多日的報導下，將成為眾所矚目的重大議題。

但負有製造物責任的，不是只有食品製造商而已。若考量到經濟面的影響，事業規模並非食品可望其項背的汽車廠商或家電廠商，一旦召回產品，影響將非同小可。日本車過去在外國人眼

中形同「高品質（＝日本品質）」的代名詞，這幾年卻發生過以十萬至一百萬輛為單位的回收事件。在規模龐大的市場中，正因為出貨量大，即使只是一項疏失，也會造成難以估計的影響，三兩下就演變成社會問題。也可能像食品業那樣，發展為動搖企業根本的嚴重事態。

減少人為疏失自不在話下，對於製造物的周全管理也是必要的。除此之外，一旦爆出問題或發生事故，能否精確而迅速地因應相關事項，會變得很重要。像是查明原因、防止再次發生、回收或更換瑕疵品等。假如針對製造物無法確保它在原料、生產階段到流通階段為止的可追蹤性（traceability），一旦製造物出現瑕疵，可以說將無從處理。

一九九五年，日本也實施了PL法（製造物責任法），規定當製造物的瑕疵造成損害時，製造業者有責任賠償損害。在PL法制定之前，若根據日本的民法，原告通常必須證明被告有過失才行，消費者很難告得成企業。但PL法不以製造者的「過失」為要件，而是以製造「物」是否存在瑕疵作為基本要件。PL法的實施，是日本法律保護消費者的一大里程碑。

對製造業而言，這代表著何種意義呢？除了必須具備設計能力，不讓產品在消費者手中使用時出現重大瑕疵外，還必須具備在製造工程中不至於因為一點疏失就造成重大瑕疵的能力，乃至於確切檢查成品、確信沒有瑕疵才讓它問世的能力。否則，就連能否以製造業的身分存續下去，都將變得愈來愈困難。還有，在召回產品或問題爆發時，所展現出來的因應問題的態度，外界也

會嚴格檢視。除了必須誠心誠意處理外,還必須在消費者要求的速度與精確性下做好因應,否則企業將遭到社會的全面聲討。要說這已經是全社會的共識,其實並不為過吧。

是什麼決定了製造業的存亡呢?如今在獲利能力、品牌能力等因素外,包括可追蹤性在內的品質管理等生產系統,可說也掌握了關鍵。

內控規定(J-SOX法)

J-SOX法(金融商品交易法)於二○○六年施行、二○○八年起適用。根據該法,企業為確保財務報表的可信度,必須在內部確立一套足以公正推動業務,不流於違法、非法的內控制度。

以製造業來說,製造的所有流程,都成了資訊管理的對象。也就是說,舉凡「固定資產管理」「物流‧庫存管理」「製造‧成本計算」「採購」「銷售」等業務流程,乃至於資訊科技管理及開發,都包括在內。企業必須針對這些流程逐一清查出風險、定義檢核項目、制定管理文件,藉以做好管理工作。

話雖如此,但由於許多企業都認為,就算在製造活動的各個層面可能有商業風險,但「財務報告上的風險」並不高,因此目前來說,因為J-SOX而受到衝擊的製造第一線,似乎並不是那麼多。但毫無疑問,隨著社會的進步,今後的趨勢是,要求企業記錄各種活動的新規範,將會愈來愈多。

這類的措施，有不少其實從以前開始就包括在製造業的品管機制當中了。代表性的例子是品質管理系統的國際標準，ISO9001。後來，愈來愈多人體認到，ISO9001不僅適用於「產品」，也是一套完全足以適用在「服務」上的管理系統，因此製造業之外的產業，也著手於取得認證。

但問題也不少。企業為了取得ISO認證以及因應J-SOX，被迫埋首於資料的記錄作業與保存作業中。由於作業對象過多而且量又大，在記錄這件事上耗費了龐大心力，原本的用意漸漸模糊掉了，「遵守規定做記錄」反倒成了企業的目的。企業恐怕會因而本末倒置，忘了本來追求的目標：引發「回饋循環」，藉此創造出更好的「產品」「服務」「流程」。

「ISO的導入，該不會是為了讓日本製造業填寫表格到手軟的程度，導致效率下滑，才這麼做的吧？」這種淪為笑柄的狀況，我們必須設法解決。我們不能淹沒在填寫記錄的手續裏，而是要善用填寫記錄帶來的效益，提升自己，比過去更有效率地達成商業目的。

【危機四】要在全球競爭中勝出！

國外生產的成本效益變差了

對製造業來說，降低成本是永遠的課題。為維持競爭力，致力於管理各種和製造相關的成本項目，努力降低，這是製造業管理工作的基礎。於是到了一九八〇年代之後，成本降低策略的一大潮流是，將生產移轉至人工成本低廉的國外。這道勝利方程式，現在已經慢慢不管用了。

過去幾十年來，用盡「機器化」「工程合理化」「藉由變更原料或材料降低成本」等各種的心思過後，還剩下一項議題，就是「刪減製造的人工成本」。

其實我覺得，在業者為了降低成本而把生產移轉到國外之前，還有許多應該在國內推動、足以改善的事。以最近的產品來說，人工成本占製造成本的比例，並不是那麼高。業者固然可以根據「在國外生產＝降低成本」這樣的潮流與印象，就把生產據點移至國外，但真實有可觀成效的企業，應該沒那麼多吧？當然，我的意思並非所有製造業都這樣，確實也有業者用人工成本取代生產成本中設備折舊費用所占的部分，而得到成功的。

以日本為首，先進國家的製造業，都很討厭本國的薪資水準之高，因此就算一直在嘗試錯誤，也要把生產據點移至人工成本較便宜的國家。其結果是，不斷有製造商把設在國外的工廠管理

得很成功，寫下空前的成果。大型製造業在國外據點包辦從生產到銷售的作業，以更快的速度成長、蛻變為真正的全球企業；各公司為找尋「能夠更便宜生產的國度」，爭先恐後在全球各地建設工廠。

國外生產的成功，成了為各先進國家帶來更富足生活的原動力，但在本國生產的人工成本，卻也變得更難壓低。這使得本國企業在母國一年比一年難以維持生產第一線的人力。日本也一樣，正職員工消失在生產第一線、變成交由外國勞工或派遣人員替代勞力的趨勢發展得愈來愈快。

但任何競爭策略，都有走到盡頭的一天。

利用存在於全球的「經濟落差」充當獲利來源的策略，自一九八〇年代起受到矚目，先進國家的大企業紛紛採用。當時先進國與非先進國在經濟與工資上的落差，大到足以讓先進國家的製造業就算耗費龐大的成本進軍國外、移轉生產據點，都還有利可圖。那時，將生產移轉至國外，是一種有效而且必要的策略。然而，此一策略的有效期間，遠比當初設想的要短得多。

先進國家將生產移往中國、越南、巴西、東歐等地的做法，也同時為這些地方帶來了引爆成長的動能。

現代的製造業，第一線人員必須受過高水準的教育。在工廠的招攬下，當地的就業增加，居民經濟能力提升；工廠帶來了教育、培育了人才、促成了購買力的增加。這樣的國家累積外匯後，不久也開始逐步發展本國的產業。工廠勞工的工資跟著慢慢地上漲，這些人也慢慢變為會購買工廠產品的消費者。

　　這時，企業採取的對策是，把工廠再移轉到工資較低的地方去。但這樣的對策，卻有它失算之處。經濟落差消失的速度比原本的預估還來得快。拜網路所賜，全球各地得以共享相同的資訊，這除了讓新興國家的民眾更加渴望經濟發展外，也使得要求廠商去除工資落差的壓力變大，加快了經濟落差消失的速度。

　　再者，移往國外生產的策略，也帶來了意想不到的結果。假如是在二十年前，有能力把生產據點移至國外的，只有部分先進企業而已，並不是所有企業都能選擇這麼做。但如今多數企業卻都很容易就能進軍國外。

　　只要一看到機會，全球各地的企業都會蜂擁而至。諷刺的是，廠商在當地親手培育出來的外國員工，可能因為上演新一波的搶人才大戰，而整批被其他國家、其他企業的當地分公司挖走。「受過教育的有能人才」的供需失衡，工資水準也漸漸上漲。由於無法確保穩定的勞動力，導致管理成本增加。

　　如此一來，能夠「利用不同國家間經濟落差的策略」帶來「若干利潤」的期間，變得愈來愈短。一直以來，製造業賭上生存而推動的、移往國外生產的策略，可以說已經慢慢變成無法帶來充足利潤的策略了。由於零組件的模組化與標準化，降低生產成本中人工成本所占比重。因此，「透過在國外生產以降低人工成本」這道處方箋，已經大大失效。那麼，該如何是好呢？

　　廠商必須把「降低總成本」納入考量，而不是只靠降低直接人工成本來降低生產成本。所謂總成本，包括間接部門的人事成本、設備、利用設備時需要用到的資源等項目在內。

縮小的世界：全球同步市場的出現

以日本為首的各先進國家，過去之所以能採取「移往國外生產」的競爭策略，原因在於國內與要移往的國家之間，存在著龐大的經濟落差或時間差使然。但網路的爆發性普及促使資訊落差縮小，再加上交動工具的發達與移動成本的降低，看在人們的眼裏，世界已經變得比二十年前要小得多。這使得企業間的競爭也跳過了「區域」的層次，漸漸進入了「全球」的層次。

此外，對日本製造業來說，除了要在全球市場降低製程成本這個課題外，還有另一個嚴肅的課題也慢慢浮上檯面：「全球同步市場」的出現。

一直以來，日本製造業的常態是，做好充分準備後，才在國內市場推出最新的工業產品。等到投資回收後，再轉往北美或歐洲市場上市。至於其他地區，要等到產品有穩定的銷路，賣掉好幾批之後，才會考慮。

無論從市場規模或從行銷策略來看，上游與下游、行銷領導者與跟隨者，過去都是很涇渭分明的。暢銷產品在某個市場到達飽和狀態後，再進入下一個市場（圖1-2），然後在幾年期的期間裏，一面變換市場，銷售額也跟著持續成長。但在全球化之下，廠商被迫不得不調整這樣的市場發展手法。原因在於金磚四國市場的急速抬頭。

全球出現了這幾個在日本與歐美以外的絕佳市場，而且成長顯著。而且這些國家由於過去都是各先進國家競相移往的生產據

點，其政府朝工業立國的路線走也是必然的。發展中的金磚四國，人口都很多，不是日本所能相比。一旦出現富裕階層，不久也會出現中產階層，頂層人士的購買力也會大到不容全球市場忽視。

在人、物品與資訊的交流密度增加後，這些國家的工業產品用戶或消費者偏好，也會急速往先進國家靠近。當地民眾喜歡的產品，或許會因為國家的不同而有不同的規格或型號，但是在功能或設計上的「時間差」，已經沒有過去那麼大了。透過網路等管道，新興國家的民眾幾乎能夠同時獲知產品在日本最新型號的相關資訊，因此新興國家也會對同樣水準的產品產生需求。過去的「生產據點」，現在成了新的「市場」。而且就定位上來說，還是個與廠商的本國之間漸漸不再有時間差的市場。

因應市場週期變短，還是退場？

在這樣的全球市場裏，推出新產品時，將無法採取過去那種分不同階段在不同國家（市場）上市、「依序擴大市場」式的策略。因為，成為焦點的市場已經分散到全球各地，而且還有來自世界的競爭者，和你同時在打這些市場的主意。

既然是在全球的幾個主要市場幾乎同時對同款新產品產生需求，那麼只要時機沒掌握好，就可能面臨競爭者馬上用仿冒品切入市場、搶走市占率的危險。

　　在工業化已達一定成熟度，各式商品應有盡有的現代，要想擴大工業產品的營收，與其靠破壞式創新，還不如轉換為另一種成長曲線：推出經過改善與改良的新產品，以刺激消費。尤其是在消費型產品的領域，最需要這樣的產品開發。由於零組件的模組化與單元化同時發生，如同電腦或液晶電視等商品所象徵的，現在不同廠商間的產品，只要拆開來看，會發現幾乎都是同樣的零組件或單元所構成的；這種事已經變得不稀奇了。

　　市場上一旦出現暢銷產品，就算在一個月後，其規格就全面遭到競爭者模仿，也不足為奇。現代的製造業競爭就是這樣。再者，隨著新興國家的教育水準提升，其技術水準也比過去進步不少。慢慢地，新領域的產品，未必一定是出自先進國家的廠商之手，也可能出自新興國家的廠商之手。競爭廠商現在不光來自其他先進國家，也可能存在於新興國家。

　　而且，就算新產品成功地在全球同步市場中推出，仍有考驗在前方等著。

　　來自全球的競爭廠商，會找出你新產品中的缺點，在市場中推出足以滿足消費者需求、規格更好的產品。而且是發生在不到一年的時間裏，甚至於只有幾個月。

　　若無法在這麼短的期間中把耗費在產品開發或行銷上的成本全數回收，將無以創造利潤。並不是改為少量地生產多品類的商品就能解決這問題，業者必須不斷推出暢銷商品，一口氣在包括國外在內的多個市場中上市，儘快確保市占率與營收。

　　本國與他國市場間，現在已經不存在時間差了。滯銷的商品

就做出即時撤下、停產的決定，讓自己不要受傷太重。即便庫存再多，也幾乎難以期待還會有需求產生。在過去的時代裏，從沒有像現在這樣，這麼需要銷售與生產之間的連動，也從沒像現在這樣這麼難以解讀實際需求。全球製造業的競爭，已經在產品開發與在市場推出產品，轉變為史無前例的「超短週期」。

要想在這樣的競爭環境中存活下來，該怎麼做呢？

一直以來，為降低成本或攻占市場，全球製造業一向是以分散於世界各地的工廠（生產據點），做為製造與銷售產品的根據地。這些業者，現在必須儘快採取因應對策。也就是說，他們將被迫必須超越「在位於各地的各個工廠（生產據點），各自提升生產力與生產效率」這樣的框架，儘快建立「由位於世界各地的所有工廠（生產據點），共同謀求提升整體的生產力與生產效率」的機制。假如做不到這一點，將無從創造理想的營收與利潤；因此是最重要的經營課題。

為此，最重要的有二大問題要解決：

(1)強化全球的供應鏈管理（SCM，Supply Chain Management）

(2)共享並活用工廠管理的必要資訊

圖 1-2　全球競爭白熱化

金磚四國市場與既有市場間的新產品時間差縮短
假如依照日本→美國／歐盟→中國這樣的順序發表產品，將無
法因應市場需求（事業週期變得更短）

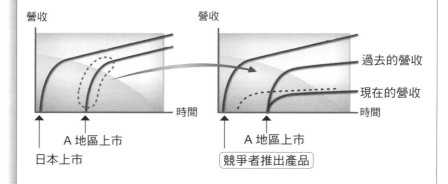

過去　　　　　　　　　　目前（A地區的營收）

營收　　　　　　　　　　營收

過去的營收

現在的營收

時間　　　　　　　　　　時間

A地區上市　　　　　　　　A地區上市

日本上市

競爭者推出產品

其他公司的進入會導致機會損失的發生
（全球競爭白熱化以及中國等國的本土企業躍進）

有必要盡可能同時攻下全球市場

生產體制在全球的彈性與效率化變得更重要

(1)強化全球的供應鏈管理（SCM）

把分散於世界各地的零組件或原料供應商都包括在內的供應鏈，就像人類的神經一樣，是一個緊密而複雜地四處遍布的網絡。

供應鏈若無法和市場需求間建立起可臨機應變的連動、接下生產的棒子，將無法縮短生產短週期與前置時間（L/T，Lead Time）[5]。

- 為因應市場需求，「今天」「在哪座工廠」「要生產什麼」「數量多少」才好？
- 為刺激需求，既有的「哪件商品」應該要「變更哪些設計」「從哪個批號」「供給多少」「到哪個市場」才好？
- 為實現成本最適化，應該把「哪個工程」「哪個工程」組合起來，在「哪座工廠」生產，最為理想？

諸如此類的複雜條件，都必須在「超短周期」的極其有限的時間裏，運用分散在全球的多座工廠，實現最適化。

以宏觀的角度來看，這形同在「工廠」「總公司」「銷售公司」「物流據點」等各自獨立的單位之間，建立一套機制。而且，再從較小的範圍來看，同樣的機制，也必須在每一個據點予

5　前置時間是指從接單到出貨為止的時間。

以實現不可。工廠也一樣，必須比過去還更加努力縮短從接單到出貨為止的期間（即生產的前置時間）。

(2)共享並活用工廠管理的必要資訊

即使廠商有再高的意願把供應鏈系統做到多好的水準，產品能否按計畫生產出來，可就是另一回事了。工廠裏備有各種設備，這些設備也一樣，必須按照原本的預期運作，才能生產出產品來。也就是說，除了提升供應鏈水準外，也必須提高設備的管理與活用水準。

再講具體一點，新產品要推出時，設備也和產品一樣，需要「新技術」「新設備」「新操作方式」等。而且，新物品常會伴隨著一些問題發生；過去這樣的初期問題，都是在第一間工廠解決、穩定生產後成為知識，再依序推展到其他的工廠去。

過去除第一間工廠外，其他工廠並不需要多高的問題解決能力，甚至於後發的工廠某種程度上可以好整以暇處理問題。但一旦要全球同步上市，就必須在世界各國的工廠同時展開生產。換句話說，必須在世界各地同步運用新設備、新工程才行。

並不是每家公司都有豐富的頂級人才。在這種狀況下，卻又要同時在多家工廠開始生產新產品，這就需要透過設備與工程的共通化等方式來強力推動了。再者，要想做到這樣，還必須先建立一套讓世界各地的工廠能夠即時分享必要資訊或知識的機制。不光要把設置於母工廠的設備之相關資訊分配到各據點共享，也

必須即時地把發生在各據點的問題以及因應之道等，同步在全球分享與採用。

　　現在的製造業必須做到的是，克服前述的(1)和(2)兩項重要課題，養成「**即時管理**全球生產體制（包括供應鏈在內的所有工廠）的能力」。製造業務須突破此一高度障礙並予維持，否則將無未來可言。

【危機五】品質管理要貫徹！

成品製造商無止境的要求

　　成品製造商在市場上推出的產品，必須具備的品管水準愈來愈高。原因在於必須因應PL法、環保法規，乃至於高度化的消費者需求等。當然，供應商也無法置身事外。

　　因為，成品製造商是把供應商的零組件拿來組裝，要是構成產品的主要零組件未能滿足需求，成品自然也無法滿足需求。既然對成品製造商的要求不斷增加，為滿足之供應商的品管要點（品管重點與管理水準）也同樣會不斷增加。如果說複雜化、高度化的品管要點已經漸漸超出人類的管理能力界限，也不為過。

　　而且，零組件供應商多半不只一個客戶（產品製造商），不同客戶要求的內容，自然並不相同。這可說是超乎想像的狀況。

　　過去的品管，是以批量（某工程中一次生產的數量）為單位實施的。而且，以批量為單位要管理的變化點，僅限於透過設計圖管理的項目發生變動的部分，像是必須取得客戶認可的設計變更，或是變換供應商等。但如果要因應前面提到的那種市場需求，光是這樣已經漸漸的不符所需。

　　若從「全面掌控與管理可能影響到零組件品質的所有可能變化點」的角度來看，不能只考慮既有的變動項目，也必須考量到

以下這樣的事項：

- 使用設備的變更與維護
- 原料與材料的變更
- 工程的變更
- 作業員的變更

某些狀況下，也要考量到：

- 製造條件（濕度、溫度等）

諸如此類，針對製造時的各種構成要素，除了要掌握與管理其變化點外，對於重要零件，甚至於不能只以批量為單位，而變成要逐一檢視。

圖 1-3　管理的變化

來自成品製造商的要求不斷增加，
已開始超出人類管理能力的界限

| 既有的變化點管理 | 現在，先進企業開始要求的管理 |

以批量為單位

逐個

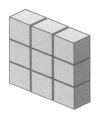

針對各種變動，像是設備的變更、
原料材料的變更、工程的變更、
構件的變更、作業員的換班等

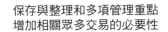

保存與整理和多項管理重點
增加相關眾多交易的必要性

【危機六】要提升利潤！

現金流量管理與工廠管理

公司的經營很重視現金流量，現代的工廠也一樣，必須重現金流量。但實際上，大多數的工廠都沒有做好現金流量管理。為什麼呢？因為工廠裏一開始就不存在積極管理現金流量的機制。缺乏機制，管理工作又怎麼可能做得好？

例如，日本製造業的工廠，假如規模大到一定程度，工廠內部隨處一定都會貼上與品管圈活動的措施相關的資料。多數狀況下，一定也會包括與直接人員的生產力相關的措施。像是以下這樣的描述：

「過去得花四十五秒的作業，因為實施了某措施，縮短為三十七秒。」

每當我在第一線現場看到這樣的描述，都會提出如下的質問：

「那麼，節省下來的八秒，跑到哪裏去了呢？」

大多時候，他們都會白我一眼。這也難怪，因為那八秒的時間，只不過是讓他們在倉庫停留更久時間的幫凶而已。

沒有錯，直接人員的人工成本或許減少了八秒那麼多（其實，這一點多半也很可議）。但如果從「流量」的角度來看，好不容易省下來的「八秒」，完全沒有好好活用。

我認為原因有二。

第一個原因是，工廠裏原本就不存在用來預應式地管理「現金流量」的指標。

第二個原因是，工廠裏缺乏捕捉「八秒」這段時間的機制。

在第一線作業的層次上，任何人都知道工程實際需要多少時間。這時間當然也清楚地寫進了作業標準當中。但如果問到，在工廠管理的層次，是否掌握了這部分的數據？就有很大的落差了。也就是說，現在不是在討論知道還是不知道事實，而是在討論，是否已經從管理的角度控管數據。第一線層次的管理與工廠經營層次的管理，並沒有整合在一起。

目前在工廠經營層次的現金流量管理，只停留在每個月製作工廠的財務報表，看看一個月下來「現金流量」變好還是變差的水準。

而且，就算現金流量變差，也很難給予第一線什麼改善現金流量的具體指示。就算給了指示，一個月後現金流量也改善了，但還是只有神才知道，到底是你所下的指示奏效，還是有什麼其他的重要因素導致的。

當然，也不是什麼都沒做。還是下達了「不需要的就不要買」「增加零件的採購頻率，避免保有不需要的庫存」等指示。只不過，關於「節省了八秒」，就完全是不關心、不管理的狀態了。實在很難稱得上「現金流量管理發揮了功用」。為何會變成這樣呢？

原因在於，管理階層取得的現金流量數字，與第一線人員所

管理的數字，沒有連結在一起。正因為沒有連結，也無法透過數字，彼此理解對方在追求的目標以及在做的事。第一線不知道該做什麼好，也無從確認，那些自己覺得好而付諸實行的事，是否真的有助於改善現金流量。

在第一線的觀點，通常會傾向於注重「每台平均」或「每分鐘平均」之類的生產力。一般來說都會認為，同樣的物品一起生產，會比較有效率。這使得第一線動不動就想要湊多一點一起生產，卻沒有察覺到，此舉可能會導致現金流量變差。

雖說如此，但就第一線來說，一旦主管責罵現金流量變差，即使不知道原因，也還是只能找些事情來做。但因為缺乏數字根據，容易流於極度刪減庫存，或是認為只要大批量生產，就能提升各工程中的零組件平均生產力。其結果可能是整體產能下滑，或是使得工程與工程間的半成品（或稱為「在製品」）大量增加，反倒陷入了讓現金流量更加惡化的惡性循環。

今後，要想在全球白熱化的競爭中致勝並且存活，必然需要能夠以全工廠層次做好現金流量管理的機制。

* * *

以上我們很快探討了製造業身處的危機狀況。在各位讀者當中，或許有人會覺得已經走投無路，但現在要悲觀還言之過早。那麼，面對這樣的困難課題，該採行何種處方箋（解決方案）？不過在探索解決方案前，也必須先探討導致生產第一線混亂的

「新問題」。

　　直接襲擊工廠廠長們的「新問題」，究竟是什麼呢？

第二章　製造第一線的新煩惱

【煩惱一】找不到答案！

工廠的廠長們面臨的「新問題」

敝公司的客戶多半是製造業。最近，在他們設置據點的日本、中國、越南等地，我問了工廠的廠長以及負責生產的董事等人士幾個很簡單的問題。

問題一：

為降低二氧化碳排放量，其中一項做法是，必須降低三成的用電量。

那麼，身為工廠的廠長，你會先做什麼事？

此外，你這麼做是有依據的嗎？

請各位想一想，假如你是工廠的廠長，你會怎麼回答？

我所提問的對象，都精通於比這還複雜的管理課題或是財務數字，但他們回給我的答案，泰半都是這樣的：

「最先能夠做的，畢竟還是『隨手關電源』這樣的事吧。」

二氧化碳的減量，今後會像是「業績目標」一樣，分配給各企業認領，作為明確的目標值。

　　但要達成二氧化碳減量的目標，「隨手關電源」的做法，很難稱得上夠具體又有實際的效果。

　　到底要針對「哪一個」設備或電力，「如何」減少「多少用量」，才能降低「多少的」用電量呢？

　　還有，靠著這樣的做法，可能達成目標嗎？

　　現在，工廠的廠長們，都無法回答這個問題。

　　說得極端一點，目前在製造第一線，並不存在任何具體的解決方案，能夠因應政府或經營團隊要求的二氧化碳減量目標。

　　我還繼續問了他們幾個簡單的問題，但他們也是沒有答案。

問題二：

**　　你知道某項產品從購入第一個零件到出貨為止的前置時間嗎？**

問題三：

**　　你有辦法能夠綜覽設備在某一天的運作狀況嗎？**

問題四：

**　　一旦品質發生問題，你能馬上推估出它影響的範圍嗎？**

　　這幾個問題，可以說都不是特別困難，而是極其基本、單純的問題。但能夠馬上正確回答出來的人，卻是少之又少。

　　其實，這些問題只不過是把我在第一章提到的、製造業目前

正面臨的危機狀況的一小部分，改用更為具體的文字描述出來而已。

　　這些問題似乎很簡單，為什麼會變得這麼難回答呢？

【煩惱二】事情太多，管不完！

只靠人力管理有其極限

　　工廠的廠長們，對於那些看似簡單的問題卻回答不出來，最大的原因何在？

　　那是因為，製造第一線的「資訊化」過度遲緩所導致。這裏所講的「資訊化」，指的是一套機制，它能夠詳細地記錄在製造第一線所做的每件事，並予以數據化，再活用到分析上。

　　和白領階級的工作環境比起來，工廠面對的是設備與產品，這或許會讓人覺得，它相較下比較「可視化」。但就算你實際看到產品，要是與產品相關的資訊你全都看不到，到頭來也等於是沒看到一樣。

　　工廠裏存在著各種資料。例如：

- 基礎系統裏儲存的資料
- 各生產地點的系統裏儲存的資料
- 設備中儲存的資料
- 尚未化為系統，儲存於紙上的資料

　　諸如此類的資料，並未予以集中管理。無論從邏輯角度來看還是從資料的實際所在地來看，都是分散保管。而且，實際的

「零件」「產品」與「設備」，都沒有和這樣的資料連結在一起。至於紙本資料，能夠好好地在各負責人的辦公桌上沉睡，就已經算很不錯了。

在現代的大型製造業裏，單一產品在工廠內都是歷經極其複雜的工程而生產出來的。在家電、汽車等產品當中，零組件達數萬項的也不算少見。再者，產品又使用了各種的原物料。產品都是在原物料、零組件乃至於加工方式，全都詳細地定義出來後，再據已生產出來，成為最終產品。而且，上述的諸多因素，也往往可能會因為設計的變更，而出現不同版本。每項因素的資料，無一不是充滿變數。

以下就舉組裝加工的廠商為例，來看看這到底是多麼複雜的狀況。與某項產品有關的資訊，會像如下所示這樣的龐大：

- 以零件表（將構成產品的數百至數萬件零件，用樹狀結構表示出來）為首的諸多與設計資訊相關的資料
- 生產產品的數十至數百個製造工程的資料
- 針對上述項目無時無刻都可能出現的設計變更之資料
- 若為採購而來的零件，該零件是在何種前置時間下，以多少的成本，向何種供應商購得？
- 推動工作所需要的最低限度資訊，像是採購零件時的最低採購量等
- 在製造第一線實際記錄下來的、收迄的採購零件的批次編號及其驗收結果

- 製造出來的零件或產品的批次編號及其檢驗結果
- 各工程中實際生產的數量
- 實際使用的設備、該設備的運作效能資訊與維修履歷
- 當天設備的使用條件（溫度、濕度、負責人等）
- 工廠的設備及基礎系統等基本資訊及過去的實際使用資訊
- 讓這些基礎系統發揮功能所需要的資源使用量（電力、瓦斯、自來水、重油）
- 除了設備及產品、零件以外，在工廠的生產線上實際作業的人員之相關資訊等

現在我把背後的祕密講出來之後，各位知道了吧？前面提到的對廠長們提出的那幾個問題，都屬於必須把這裏列出來的這些資訊仔細分析過後，才回答得出來的問題。那已經不是單憑人類的能力就能全面涵蓋的。除非透過系統化以及在整合各系統後提升系統的管理與分析功能，否則是不可能回答那些問題的。

再舉一個因應品質問題的例子好了。

產品出現瑕疵時，工廠該做的第一件事，是找出原因以及鎖定造成影響的範圍。要想正確查出原因，只能事後在前述的龐大生產資料當中，找出異常數值或變化點等。只要能鎖定異常數值與變化點，就能跟著查出可能同樣造成影響的範圍，以及與該瑕疵品在同一條件下生產、出貨的其他產品。

也就是說，至少必須確保產品與零件在各自的基本單位下之可追蹤性。

目前對工廠數據的管理過於粗略

目前在絕大多數的製造業中，要想正確地知道幾個月前某一製造第一線的生產狀況，是很困難的。雖然因為ISO的普及等因素，大家已然理解到可追蹤性的重要，各公司也懂得要留存各種數據，但現況來看，必要的數據還是沒有全部湊齊。為什麼呢？在一般的工廠裏，雖然會在經營工廠或製造產品的過程中記錄與管理部分數據，但除此之外的其他數據，都是直接放掉，沒有保留。廠方並未針對未來可能拿來活用的「數據」，集中地蒐集、儲存與管理。

這些數據散落於工廠的各個角落，看起來沒有什麼用途，但很多都是一開始就沒有記錄下來。而且，部分數據現在都還是以紙本為主要的管理方式，有些雖然會收在厚厚的檔案夾裏保管，但運氣不好的話也可能破損，甚至有很多根本已經搞丟了。認真講的話，從工廠目前的體系來看，甚至可能連取得數據這件事都很困難。

以下再具體深入地探討。

(1) 提供的數據太過粗略

一直以來，無論採用的是多麼先進的供應鏈管理系統、使用的是多麼先進的設備，系統化的資訊管理（指管理階層能夠在辦公桌前馬上看到該資訊）所做的，充其量只包含到「以計畫批量

為最小單位下，生產與入出庫之計畫與實際資訊」的程度而已。

　　而且，這些資訊和實際工程（製程、工序）對照起來，很多時候都只是粗略的數據而已。舉某一零件在多台設備中加工為例，由於基礎系統要管理到個別設備的排程實在太麻煩，很多時候都直接算成是同一項工程。

　　此外，假如同樣的設備有好幾台，實際用的是哪一台，系統是不會留下紀錄的，也不會知道是何時用的。知道的只有，在基礎系統中定義出「工程已完結」的 IN 與 OUT 的相關數字而已。無法得知實際能夠切分的最小單位的工程與工程之間的聯繫及其結果等。

　　誠然，對於管理供應鏈的高階幹部而言，這種粗略程度的數據，或許是有助益而且是可控管的。但這樣的數據，無法活用到第一線的管理上。

(2) 數據的保管形態

　　接著，像下面這樣的數據，原本就不是由基礎系統管理的，一般都是交給第一線去管理。

- 在查驗工程中得到的查驗結果（抽樣、全部）
- 設備的稼動、維修紀錄
- 各工程的作業人員之作業成果

這樣的紀錄，大多都是記錄在紙上，最後很可能以橡皮筋綁在一起，沉睡在倉庫的某個角落。或者，事實上也可能根本沒有記錄下來。

(3)哪些項目的數據需要管理

大家可能會覺得，所消耗的電量之類的項目，很容易記錄下來。但對於這種數據是否做到了妥善的管理，也值得存疑。確實，這種數據或許可以在會計系統中找到。但充其量就是「針對全工廠消耗的電量，來自電力公司的請款金額」吧。

但如果想知道各設備或各生產訂單所消耗的電量，無論到哪裏查，也都查不到。電力的消耗狀況，原本就只針對全工廠測量與記錄，並未針對個別設備測量其所耗電量。既然沒測量，當然也就無從得知。

除了電力以外，與工廠的基礎架構相關的資訊也是一樣。應該也不會針對各項設備或每張訂單，管理其瓦斯或自來水的使用量。或者應該說，廠方並沒有意識到管理這些項目的必要性所致。

(4)數據間的關聯性

不是只把個別數據抽出來而已，掌握數據之間的「關聯性」也很重要。例如，設備的溫度與濕度，也可能會影響到產品的品

質。像是產品的品質出現問題，開始著手找尋原因，結果發現產品是在異常的溫度下生產。這時，就必須找出哪些訂單的產品，是在相同的條件溫度下生產的。

幾乎可以說，沒有工廠能夠在第一線個別建立起來的眾多系統當中，把數據之間的關聯性管理得清清楚楚的。

大多狀況下，與設備的溫濕度相關的數據，應該會以日誌的形式，留存在設備本身的系統中。或許透過日誌可以得知溫度出現異常的時間帶。但如果說到目標產品是在哪些製造訂單、哪個設備、哪個時間帶生產等數據，應該就沒有留存在任何地方了。

而且，生產訂單的實際作業資訊通常會以天為單位記錄，就算溫度只出現一小時的異常，依然不可能正確地縮小範圍，查出哪些訂單是在該段間內處理的。

這種時候，能做的事包括：

1. 把所有在該當日期與其前後日期生產的訂單，都推估為內含因為溫度的異常而出現品質問題的零件（產品）在內
2. 查出可能使用那些零件的產品，以及該當的產品批次編號（序號）
3. 根據產品批次編號（序號）查出銷售對象

雖然必須以這樣的方式鎖定造成影響的範圍，但對象也可能為數龐大。再者，在製造工程中，假如有問題的零件來自於頗

為前面階段的工程，要是全工廠並未徹底做到「先進先出」的話，要想找出可能使用了問題零件的產品及其產品批次編號（序號），應該已經趨近於不可能。

＊　＊　＊

如同至今我所說的，製造第一線需要為數十分龐大的資訊，而且數量與日俱增。光靠既有系統得到的資訊，已經很難稱得上足夠。一直以來，系統的不足之處都是靠人力來補上，但現在已經超出了界限。

工廠的廠長無法如願取得必要的資訊，又必須面對高層對工廠日漸嚴峻的要求，將會愈來愈苦惱於自己的管理能力與現實間的落差。在這些廠長當中，很多人都期待，在導入ERP之後，可以找到徹底解決問題的對策。然而，ERP原本就是為服務管理高層而設計的系統，不是用來調動實際的第一線現場人員，或是用來掌握第一線的實際狀況。ERP所能得到的資訊之範圍與內容，無法充當透過管理讓現代工廠發揮整體效率的「絕招」。

【煩惱三】系統已達極限！

　　到上一節為止，我們探討了現在的工廠面對的問題。亦即，上面要求的管理水準，與實際可能做到的管理水準之間，存在著莫大的落差。我也提到，原因在於，管理工作所需要的第一線資訊，廠方未能充分予以掌握與管理。

　　大家或許很容易會覺得，既然這樣，那就妥善掌握與管理不就好了？但問題沒這麼簡單。等到實際想要這麼去做時，會有相當程度的困難伴隨而來。為什麼呢？

　　我會在此逐步說明此事。

　　以下，就聚焦於四個問題點，逐一解說。

　　（一）未記錄下來的資訊：ERP能囊括第一線需要的資訊到
　　　　　什麼地步？
　　（二）孤立的系統：ERP與MES或FA並未連結
　　（三）組織的隔閡：無人負責勾勒整體最適的樣貌
　　（四）未活用的資料：不存在工廠系統整體的數據模型

（一）未記錄下來的資訊：
ERP能囊括第一線需要的資訊到什麼地步？

在各位讀者當中，或許有人認為，大型製造業者幾乎都在一九九〇年代不約而同導入的ERP／供應鏈管理系統，就是工廠的生產管理系統。

但這些系統其實是的以整合「生產‧物流計畫」與「會計‧經營管理」或連結「生產」與「銷售」為主要目的而開發的軟體或資訊管理系統，並非工廠的生產管理系統。

講難聽一點，就是根據「銷售」端的需求預測，輸入「銷售計畫」與「庫存計畫」，並與生產據點的生產計畫整合在一起。此外，其主要功能在於，把這些計畫或實際數據轉換為會計資訊，協助管理階層做出迅速的決策。

這些終究只是從管理階層的角度出發的功能，並非用於實際生產產品的功能。說起來，ERP並未充分具備生產產品時所需要的功能。它就只是個用於管理的系統。這個系統必須針對各種的計畫、準備工作、實際作業乃至於作業結果，做好管理等工作，但關於製造的資訊，則是幾乎付之闕如。

例如，某產品的生產計畫，可能會像下面這樣這麼簡單。

「A產品在二〇〇九年十二月一日至六日為止的生產計畫是一百台。」

相較之下，工廠實際從事生產作業時，除了生產計畫、採購

計畫等資訊外，也會需要生產設備或檢驗設備等實體工具，以及用於操作這些設備的相關資訊。例如像以下這樣的描述：

- 指定與分派用於生產的設備
- 分派負責生產的工廠作業員
- 若涉及多個設備，要安排其步驟（在ERP中看起來只是一項工程而已）
- 與生產設備相關的運轉條件之設定（生產速度、加工數據、運轉條件等）
- 針對所生產的產品實施相關檢驗
- 讓設備運作所需要的資源（電力、瓦斯、重油、自來水）之調度等

這些數據，是掌握與管理品質及生產力時所必需的。

講極端一點，在這樣的資訊當中，ERP管理的，往往只有「十二月一日至六日為止要生產A產品一百台」這樣的計畫數據，以及「實際生產了一百零一台」這樣的成果數據。

此外，ERP的系統中，並無機制可以自動蒐集個別工程資訊或設備稼動狀況等數據。負責生成與處理這些「製造相關數據」的，是MES[6]與FA[7]。這些系統無論規格或是目的，都和ERP截然

6　MES：Manufacturing Execution System，製造執行系統。
7　FA：Factory Automation，工廠自動化。

不同。ERP屬於「管理會計類的軟體，負責蒐集資訊，前提是要提供給管理階層去做解釋與判斷」。

MES與FA原本的目的不在於「管理」，而在於在製造第一線實際讓員工進行作業、操作設備、生產產品。在某些狀況下，它們不光是軟體，而是設備暨控制系統，整合了硬體與軟體以完成業務。

（二）孤立的系統：ERP與MES或FA並未連結

在ERP誕生之前，任何一家公司都是分別建立「銷售管理系統」「生產管理系統」「會計系統」等系統。但企業還是會透過各應用程式間的溝通介面，努力促成它們彼此間的合作。

既然這樣，ERP只要能和MES與FA合作，不就能夠取得必要的資訊了嗎？一般都會產生這樣的想法。但至今為止，這件事一直很難實現。

原因可以歸納如下：

(1) 管理部門間的隔閡：ERP與MES、FA的管理部門
    間缺乏整合性
(2) 供應商既有的標準：缺乏不同系統間合作所需要的技術
    環境

以下分別詳細探討之。

(1) 管理部門間的隔閡

ERP的預算控管功能，其實就是ERP內部的「管理部門」。以下舉兩個典型例子說明。

第一個例子與工程的詳細程度有關。

如同前面提過的，ERP系統中定義的工程，未必與實際的工程一致。因為，第一線的工程經常在變動，要把狀況當成最新資訊登錄到ERP上，是不切實際的。如果連工程細節都要登錄上去，那是很花工夫的，而且還無法期待能因而得到多少益處。

再者，事情一旦規定得太過詳細，會變得極度缺乏彈性。往壞處想，還可能變成一直在重覆變更（如圖2-1所示，若把所有設備的工程都輸入到系統中，會變成必須以分、秒為單位做排程。這會陷入以分為單位修正計畫的悲慘狀況）。

因此，在ERP系統中決定工程時，只要抓個大概，不要有太頻繁的變更，足以讓管理階層完成管理工作就行。

第二個例子與各工程之間的批次不同有關。

光看ERP的話，很容易會誤以為，製造工程的一切，都是根據ERP中規畫的工程階段在運作的。但現實並非如此。

例如，零件是從供應商那裏進的，但每個批次的量，並非由

使用的這一方決定。或許自己工廠的產品是以一百個為單位生產的，但供應商每個批次或許是生產一百二十個。這時，供應商的零件的同一批次，就會涉及ERP系統中規畫的多個工程階段。

同樣的，在同一工廠內生產的零件，也可以看成是這樣。列於零件表中的各零件的批次，有可能各不相同。第一線固然是根據生產批次來管理各種事項，但這些資訊並不容易納為ERP的資訊。

由此可知，輸入到ERP的結果數據，充其量只是用來讓管理階層利用ERP完成管理工作，而從他們的角度設想的。在第一線實際管理的以批次為單位的資訊，其實是另外在MES等第一線的管理系統上，或是用手寫表單的方式在做管理的。

基於同樣的理由，以批次為單位的品質管理，在現實中是極其困難的。生產管理系統如果未包括製造編號管理系統在內，在生產某一產品或中間產品而指派必要零件出庫時，就純粹只是告知零件的編號以及數量，下達「出庫指示」而已。並未指定供應商的批次編號、入庫日、零件所在箱子的序號等，無法在庫存放置區中，特別指定要從同樣的零件中使用哪些。

此外，實際出庫的物品也是一樣，大多時候，輸入到ERP系統中的，只有零件編號與數量而已。這麼一來，若從品質管理上的可追蹤的角度來看，可以說完全只能根據第一線現場的「先進先出」了。

我曾經參觀過許多製造業的工廠，但真的能徹底做到先進先出的公司，非常少見。雖然每家公司表面上都說是先進先出，但

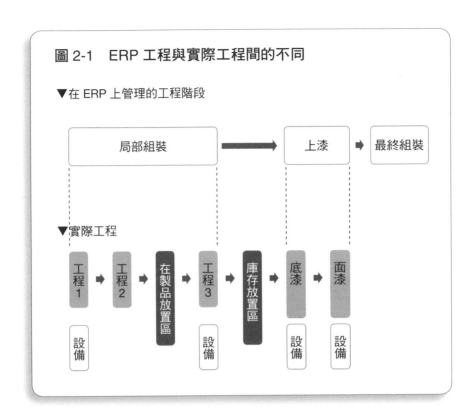

圖 2-1　ERP 工程與實際工程間的不同

▼在 ERP 上管理的工程階段

局部組裝　→　上漆　→　最終組裝

▼實際工程

工程1　→　工程2　→　在製品放置區　→　工程3　→　庫存放置區　→　底漆　→　面漆

設備　設備　設備　設備

實際去第一線察看，不是存放零件的箱子上下堆放，就是擺放在只能先從外面的箱子拿起的架子上。在這種狀態下，要徹底做到先進先出相當困難，因此事實上應該是無法遵守。

那麼，在這樣的公司裏，是如何追蹤批次的呢？絕大多數的情形下，應該都是在生產線上，由第一線的管理人員，把出庫零件相關的出貨單等單據，附在生產指示單等文件中保管。由於資訊是紙本形式，除了很難與他人共享外，也很可能是在每天下班時把一天內蒐集到的紙本資訊彙整在一起處理，因此恐怕很難稱得上管理得很完善（一旦紙本資訊全部彙整在一起，紙張的順序往往會和實際順序有出入）。不過，這總比完全沒有要來得好，而且也是最低限度需要的資訊。當然，這些資訊無法從ERP系統中找到。

(2) 供應商既有的標準

MES與FA設備所處理的資訊，充其量只是在製造第一線為了推動工作而用的。尤其是FA的資訊，其目的在於讓現場的設備與裝置運作。因此，它完全是一個獨立的、自我完結的體系，完全沒有要把那些資訊拿到工廠外部另外做什麼運用的前提存在。

也就是說，在製造第一線，它屬於一種「封閉系統」。既有的FA設備，別說是提供資訊給高層做為管理決策之用了，就連和MES／ERP等較其高階的系統之間相互傳輸資訊用的介面或

是轉換數據的機制，也形同完全不存在。而且，也全然沒有和其他系統之間實際連結成網路。也就是處於一種孤立而未對外連結的狀態。

「那麼，只要把ERP和FA設備之間連結起來，不就能取得詳細的實際製造數據了嗎？」

會這麼想很正常，也是很正確的假說。

那麼，為何到今天，沒有人嘗試過這麼做呢？

一大原因在於，既有的FA設備所帶有的特性，以及其界限。ERP屬於電腦軟體群，已經一定程度以上確保了和其他應用程式之間的數據互換性，以及所安裝硬體的開放性。

但是，FA設備雖然同樣是電腦程式，和硬體之間卻更為一體化，其設計與開發的第一要務在於讓硬體針對特定目的最出最適化的運作。而且，每家開發供應商（廠商）都有自己特有的數據管理與通訊規格。亦即，其規格和其他供應商所開發的產品之間，難以連結。

這裏會說「難以連結」，有兩個原因。第一個原因是，就軟體的角度來看，難以確保數據的整合性與互換性。另一個原因是，要把雙方的設備實際連結在一起也很困難。事實是廠商在開發設備時，本來就不會考慮到要和其他供應商的設備相連結；這麼說是比較貼近現實狀況的。

過去在資訊系統的世界裏，也曾經長久有這樣的一個時代。特定程式（軟體）所能運行的環境，依存於特定硬體，軟體與硬體的設計，都來自於供應商獨自的規格。各位或許不知道，在一

九九〇年之前，大型主機（企業的基礎系統核心）與個人電腦
（PC，Personal Computer，當時以IBM/AT為主）之間，彼此
是無法交換資料的。即使是現在在資訊系統領域工作的電腦專家
們，假如是在網路普及後受教育的年輕工程師或顧問，可能也很
難想像那樣的世界吧。

當時的PC與PC之間，同樣是「難以連結」。但蘋果公司的
電腦問世後，「點對點」（P2P，peer to peer，二台電腦間直接
連線）的連線，就變得很容易做到了。其他廠牌電腦的用戶，都
帶著半羨慕半懷疑（因為不知道它究竟是否實用）的眼神看待
之。令人訝異的是，這並不是多麼久遠之前的事。

後來，成為目前網路標準規格的乙太網路漸漸普及起來。與
此同時，網路作業系統UNIX及安裝了該系統的電腦出現，歷經
各種實驗計畫後，在商業面得以實用化。乙太網路與UNIX這種
技術的普及，催生出了名為「主從式」的架構，可以用網路把機
器與機器連結在一起，進行分散式運算。電腦系統的世界在網路
化之前與之後，呈現出截然不同的面貌。

在這樣的趨勢下，「難以連結」的電腦，很明顯會漸漸失去
它的相對價值。一九九〇年代，全業界以驚人的勢頭推動著PC
規格的標準化；堅持採用獨特規格的供應商與產品，都漸漸從市
場中消失。

從供應商的觀點來看，推動自己的獨特規格，確實是向用戶
確保與保證系統穩定性的必要手段。畢竟，要確保和其他公司的
產品連結後能夠運作，並非光靠自己公司致力於技術就能做到，

而且也很難得知問題所在。但與此同時，基於運作穩定的理由而強迫用戶接受獨特規格，確實也是一種讓用戶維持忠誠，得以有效率地排除競爭對手的策略。只是到頭來，變成是在和因應技術的革新速度而出現的網路化、標準化，也就是開放化相對抗。

在網路技術的革新與標準化尚未確立的時代，資訊系統的用戶，長期身處於一個不可能把自己所需要的各種公司的電腦產品與軟體組合在一起運用的環境當中。但在資訊系統的領域中，網路技術的發展這樣的技術革新浪潮，耗費了十幾年的時間完成普及，最後也實現了規格的標準化與開放化。

現在，無論何種電腦產品，最重要的特性都在於能夠連上網路，或是能夠彼此連線。在已經實現開放化的資訊系統的世界裏，現在沒有必要非得選擇依附在特定供應商或硬體之上的產品了。開放化下，用戶可以視自己的使用目的，設想最適切的資訊化方案，挑選最能滿足需求的軟硬體，再組合成為龐大的資訊系統群，不再受到硬體或供應商的制約。

不過，製造第一線最關鍵的那些設備與控制系統，仍處於和一九九〇年以前的資訊系統相同的狀況。設備的設計由供應商主導，多種不同系統同時存在，彼此之間無法連線。從用戶的角度來看，只要供應商提供的功能與價值，與自己的使用目的相契合，就沒有什麼問題可言。但實際上，別說是 ERP 了，連和其他供應商提供的 FA 設備都難以連結的「系統」，處於全球競爭環境正大幅改變的現在，已然在製造第一線成為阻擋改革的絆腳石。

（三）組織的隔閡：無人負責勾勒整體最適的樣貌

有礙於基礎系統與FA設備取得合作的因素，不只是ERP針對的用戶範圍，以及供應商的隔閡而已。用戶企業內部的組織與扮演的角色，也不容忽視。

說到FA設備，在製造業自然指的就是「工廠的設備、器材」。與FA設備相關的一切決定、選擇、投資決策、運用等所有事項，多半是由「生產技術部」或「設備管理」等所謂技術部門所管轄。

另一方面，「ERP或EIS[8]等基礎類、資訊類系統」「讓全公司共享資訊的群組軟體」「人事系統」「幕僚在日常業務中使用的PC與伺服器等基礎架構」「全公司的資訊網路」等，幾乎都是由總公司的「資訊系統部」掌管。

此外，介於這二者之間的MES等系統，就內容來說，相較之下也可以交由資訊系統部門來掌管。不過，由於其中有一些是第一線特有的部分，一般的資訊系統部門有可能難以駕馭。因此現況來看，到頭來還是在製造第一線的主導下打造。

不同系統分別由不同部門規畫、打造與使用，這帶來的壞處遠比想像中還大。所謂的部門，本來就不會想到要把資訊拿到超出自己管轄範圍的地方活用。就算有這樣的想法，要實際做到，依然極為困難。這是因為，這麼做需要跨部門的商議以及決策，

8　EIS：Executive Information System之縮寫，「主管資訊系統」之意。

而那不同於一般業務。通常，企業內並不存在著那樣的流程，以及予以管轄的人員。

或許大家會覺得，這個角色應該要由經營企畫部或是資訊系統部等幕僚部門來扮演。但經營企畫部的人員很少會熟知資訊系統或FA設備，而即使是資訊系統部的人員，通常也不熟FA設備或工廠設備。

那麼，該怎麼做才好呢？

如何才能取得製造的實際數據，再應用到資訊系統上？

再說，這又該如何活用到經營上？

這是全新的資訊領域的工作，需要的是高度且多層面的專業性，以及在經營管理方面的知識。這樣的人才，現在無論在哪個製造業或哪家顧問公司，都找不到。只能好好投資於未來的策略構想上、培育足以成為新指揮官的人才。

現況來看，若要取得製造的實際數據，並在不同於以往的目的下予以管理，製造業內部並沒有合適的部門可以來做這件事。這個問題，可以說必須盡早好好因應。

（四）未活用的資料：
不存在工廠系統整體的數據模型

在工廠裏，就算能夠讓以既有的FA設備為首的軟硬體群無縫合作，也解決了掌管與運用它們的部門之間的隔閡，依然存在

著另一道阻礙。那就是，必須讓相關人員理解，把ERP與FA設備「連結起來」，究竟要做什麼？

身為二十一紀的製造業，既要負起社會責任，又要在競爭中存活，就必須先弄清楚，今後的工廠會需要什麼樣的要件，以及什麼樣的管理系統。

請各位再回想一次，我在本章開頭處介紹的，對工廠幹部的提問。

問題一：

為降低二氧化碳排放量，其中一項做法是，必須降低三成的用電量。

那麼，身為工廠的廠長，你會先做什麼事？

此外，你這麼做是有依據的嗎？

你知道某樣產品從購入第一個零件到出貨為止的前置時間嗎？

一旦管理系統能夠明確，足以即刻回答這種問題的系統規格，也會跟著明確起來。規格明確後，該如何掌握與儲存數據，也會變得清楚起來。在這樣的順序下，有系統地掌握必要數據，是很重要的。

請各位謹記，在尚未理解如何儲存數據才好的狀況下就胡亂儲存數據，這些數據將是毫無意義的。

例如，假設我們要取得與儲存如下的數據。

- 設備的運轉狀況（何種設備在何種條件下運轉）
- 生產訂單及實際生產成果

就算針對這兩個項目把過去的數據全部儲存下來，分別保存在資料庫中，依然難以馬上知道每張生產訂單的生產條件。因為，並不存在足以顯示出「哪張生產訂單，在什麼時候使用什麼樣的設備生產」這種關聯性的數據。這麼一來，就必須先查詢生產訂單在何時執行，接著再找出是用哪個設備生產的，再接下來要找出該設備運轉狀況的記錄，再逐一回過頭去調查，在該當日期與時刻下，生產的狀況如何。

若能事先知道，哪些是屬於必須管理的與生產訂單相關的數據，就能事前照著它來設計與定義要儲存的數據的結構（關聯性），並與生產訂單是何時在哪個設備執行的數據之間建立關聯性，儲存下來。這樣的話，就能以生產訂單為關鍵字，即刻查出其生產條件了。

個別的數據，只不過是單獨而缺乏意義的龐大數字之集合，幾乎沒有什麼用處。只根據單一角度與思維記錄與管理龐大的資訊，等於是在白費力氣。假如用於記錄與管理這些資訊的技術門檻或成本又很高，那除了以白費力氣稱之，別無其他形容；這就是危及經營的嚴重問題。

沒有目的，就沒有成果可言。唯有訂定明確的目的，有效地

儲存第一線的數據，才能在日益嚴峻的競爭環境中存活下來。

　　那麼，現在的工廠必須因應的管理目標是什麼？
　　要達成那樣的目標，需要什麼樣的系統？
　　要實現那樣的系統，應該以何種形態儲存何種數據？

　　我會在下一章探討這些問題。

第三章　進化的處方箋 智慧工廠

現在重新盤點一下目前為止談到的內容。

第一章探討了將製造業給團團包圍的危機。

也就是說，面對這幾年的環境變化與外部壓力，如何因應，已經成了製造業的當務之急。

第二章談到了製造業碰到的，工廠管理系統的界限。

製造第一線的基礎系統（ERP）的界限，以及膨脹到十分龐大、應該管理的數據，已經超出了人類管理能力的界限。

我想，讀到這裏的各位讀者，應該已經理解到，現在的製造業面對的課題，有多嚴重，有多複雜了。

不過，目前為止的部分，可以說只是導言而已。我寫這本書，並非為了渲染製造業面臨的危機有多可怕。然而，我要談的也不是什麼夢想故事。

我寫下本書是想讓大家好好體認到製造業所面對的嚴重課題，並提出超越單一對策、足以促成全面變革的處方箋。

這道處方箋，也將會是今後製造業要存活就不可或缺的務實策略之一。

我希望用「**智慧工廠**」來稱呼這道改革處方箋所代表的概念。

製造業在認識朝著開放化、標準化發展的技術革新浪潮後，不折不扣可望利用這股浪潮，取得足以顛覆既有常識的新管理指

南，以及抵抗逆風、實現成長的傳動裝置。也就是說：

- 製造業若能認識與實現**智慧工廠**，就能找到足以徹底因應當前所面臨課題的解決方案。
- 只要能搶在其他公司前面打造出落實**智慧工廠**概念的工廠，那麼在今後的全球市場競爭中，必能大幅領先其他業者。

本書的後半，會逐步把**智慧工廠**解釋清楚。

智慧工廠的概念，具體來說是怎樣的？

智慧工廠要如何才能實現？

智慧工廠一旦實現，會有何種好處？

【處方箋一】何謂智慧工廠？

「連結」促成「可視化」

所謂的智慧工廠，究竟是什麼樣的概念呢？
可以用以下這樣的描述來形容。

將工廠內的各式設備連結在一起，舖設神經系統、即時汲取所有資訊，實現工廠活動的可視化，亦即讓所有活動透明可見。

這樣的定義乍看之下有些抽象，以下再講得更具體一些。

所謂的**智慧工廠**，就是藉由實現二件事：

- 將工廠內的各種設備連結成網路
- 從各種不同的角度取得與管理點的裝置有關的數據

並且力求：

- **工廠內部種種活動資訊的可視化**
- **資訊與資訊間因果關係的明確化**

繼而採取必要的行動，把諸如此類的事項做得更好：

- **提升品質管理能力**
- **刪減包括間接部門在內的管理成本**
- **二氧化碳減量／節能**
- **改善現金流量**

而且是做到超出人類管理能耐的層次。就是這樣的一個**次世代的工廠經營概念**。

接下來，我們一起看看智慧工廠的細部資訊。

與既有工廠有何不同？

如同我在第二章說明的，在既有的工廠裏，工廠內的設備和MES等系統，在功能上都是各自獨立的系統。由於機器設備的供應商不同、負責人不同等因素，無論在技術上或是在組織上，都沒有整合在一起。一旦各系統之間需要合作，或是必須共享超出人員負責範疇的資訊時，只能透過各系統產出的報告，以及下載自各系統的數據，以實際經由人手轉交的實體形式，滿足系統間合作與分享資訊的需求。

但資訊的共享只要經過人的手，就無可避免會因為需要處理時間而產生時間差。傳遞資訊的人員，被迫有許多後續作業必須

完成，而且對提供資訊的一方來說，要是自己得不到好處，他們也不會把資訊丟出來。這會導致需要資訊的人，連自己到底有沒有掌握資訊，都搞不清楚。更別說要藉由分享彼此的資訊解決問題，或是設想出足以提升作業效率的新手法了，幾乎無法期待能做到這樣的事。

若以人的身體來比喻，就像是一種手指、四肢、眼睛、耳朵、大腦，全都只照自己的步調在運作的狀態。就算大腦想要向右走，可能得花上好幾天，腳才會往右移動。就算腳受傷，可能得花上好幾天，大腦才知道這件事。就是類似這樣的情形。

相較之下，在智慧工廠裏，屬於同一階層的部門或設備之間自不在話下，就連在分屬於上下階層的狀態下，依然能夠透過網路，機動地交換資訊。在智慧工廠裏，完全不存在任何部門之間或設備供應商之間的隔閡。

這和一九九〇年代發生的企業資訊系統的開放化，是一樣的狀況。

過去，不同廠商生產的個人電腦之間，無法彼此連接。要讓個人電腦與商用電腦連線、合作，簡直是痴人說夢。但現在辦公室裏的CPU（中央處理器），包括影印機在內，彼此連線已經是理所當然。同樣的，工廠裏的各種設備，也將彼此連線。

只要透過網路彼此連線，既能大幅縮短時間落差，原本必須仰賴工作負責人的資訊共享，以及從組織的角度共享與活用資訊，都會變得更為容易。

屆時，大腦的思考會馬上傳達給四肢，四肢感受到的一切，也會馬上傳達給大腦。

系統的概略內容與特徵

智慧工廠是一個伴有具體「機制」的概念。此一「機制」的核心部分，主要是以「資訊系統」的樣貌呈現。

不過，要請各位注意的是，這裏講的「資訊系統」是一個新概念，它不同於在製造業已日漸普及的ERP類的「資訊系統」、在製造第一線活躍的工廠自動化設備等「控制系統與機器人」，或者是用於讓全公司溝通的群組軟體等「資訊系統」。

那麼，智慧工廠的系統究竟必須具備何種特徵，才能成為智慧工廠呢？以下我們分別探討。

圖3-1是智慧工廠系統概要圖的一個例子。

最頂層是工廠管理系統，這裏處理的是工廠經營時需要的資訊。包括財務資訊在內，有KPI（Key Performance Indicator，關鍵績效指標）之稱的經營指標，乃至於二氧化碳減量等企業承擔社會責任時必須關注的指標，都歸在這裏。

往下一個階層就是所謂的基礎系統。這些基礎系統是由ERP所涵蓋的部分，以及個別套裝軟體或各公司獨自打造的系統等所構成的。

接著在下一層當中有MES，其下層又設有SFC[9]。此外，針對資源（電力、熱力、水）等基礎架構系統，也力求透過網路蒐集

9　Shop Floor Control之縮寫。「製造現場控制」之意。

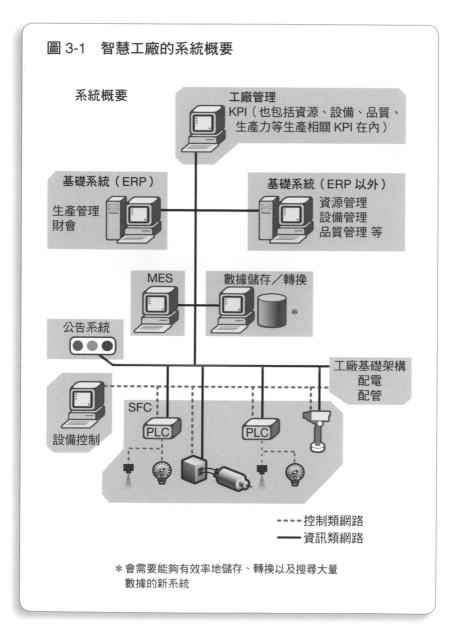

圖 3-1 智慧工廠的系統概要

系統概要

工廠管理
KPI（也包括資源、設備、品質、生產力等生產相關 KPI 在內）

基礎系統（ERP）
生產管理
財會

基礎系統（ERP 以外）
資源管理
設備管理
品質管理 等

MES

數據儲存／轉換　*

公告系統

工廠基礎架構
配電
配管

SFC
PLC
PLC

設備控制

- - - - 控制類網路
───── 資訊類網路

＊會需要能夠有效率地儲存、轉換以及搜尋大量數據的新系統

數據。

那麼，就來詳細看看各項目。

①控制類系統與資訊類系統的合作

我再強調一次，「智慧工廠」裏的大前提是，利用網路，把現存於工廠的各種工廠自動化機器、設備、電力等基礎架構、單獨的管理系統等，都串連起來。而且，這些資訊不是只用在生產第一線而已，還必須傳輸到以掌管生產資料的ERP為首的基礎系統，以及經營高層用於做決策的資訊系統，再予以活用。

若以專業術語來講的話，其實就是讓「控制類」的電腦系統，和「資訊類」的系統連上線。那麼，這些以「控制類」稱之的系統，是什麼樣的系統呢？

所謂「控制類」的系統，正如其名稱所示，就是「用於控制機器的電腦」。代表性的有名為PLC[10]的機器。

由於PLC是一個向工廠自動化的機器與設備傳達命令的系

10 Programmable Logic Controller之縮寫，譯為「可程式控制器」。PLC是一種小型電腦，其內部裝有微處理器，這點和一般電腦相同，但它所使用的語言是把電氣迴路符號化而來的，因此PLC的程式設計必須由擁有特殊知識的電氣技術人員來做，一般電腦程式設計師是做不來的。PLC原本是由過去在汽車製造等自動化系統中使用的「繼電器裝置」發展而來的。所謂「繼電器裝置」，是一種能因應可切換開啟／關閉之類的動作開關、裝置實際處理的數量，或者電力機器等設備的狀態，輸出控制用的電氣訊號，藉以控制機器的裝置。一台PLC，可以代替數千個繼電器裝置。

統，其穩定性與精準性就格外受到重視。此外，設備的運轉控制，在安全上極為重要，因此它必須達到的反應速度，也就是系統的處理時間，遠遠比主要由人類使用的資訊類系統來得快。順帶一提，在作業系統方面也一樣，PLC使用的不是一般用於個人電腦上的那種作業系統，而是名為「即時作業系統」（RTOS，Real-Time Operating System），可同時處理多項任務，還能夠確保在一定時間內回應的作業系統。

　　近年來，導入MES系統的企業也變多了。嚴格來說，它雖然不算是「控制類」系統，但可以定義為，把「資訊類」與「控制類」系統之間缺少的連繫補上的「資訊系統」。MES的主要功能在於，把來自於ERP的生產計畫，轉換為更符合製造第一線實際狀況的「製造指示」，並予以管理。

　　MES在設計上也有透過PLC取得數據、協助品質管理的用意在。但必要數據只有一部分是以透過網路取得為前提，其他資訊則是透過輸入終端，以人工手動輸入的方式取得。

　　綜上所述，在今後的「智慧工廠」裏，工廠自動化設備主要是透過三種形式與資訊類系統取得連線。

1. 直接取得FA設備的資訊
2. 蒐集來自PLC的資訊
3. 蒐集MES的資訊

這三種無論哪一種，前提都是實際透過網路的連結自動取得

資訊。相關技術的細節，我會在下一項中介紹。

此外，雖然FA設備、基礎系統、工廠管理系統連成了一個網路，但還是必須明確區分是控制類還是資訊類系統，分別予以管理與使用。若為資訊類系統，就算因為網路的擁塞等因素，導致資訊延遲若干時間才收到，問題也不大；但如果是控制類系統，資訊的延遲就可能引發嚴重問題。

②標準介面之採用

既有的製造設備，把大量的系統建構工作，發包給特定設備建置供應商處理，是一種理所當然的做法。該承包商在建構系統時，採用了自己最熟悉的的FA設備廠商的介面，而變得不容易與採用其他介面的系統合作。之所以會這樣，也是因為各式設備的介面沒有標準化，承包的供應商很難單憑一己之力，建構出能夠讓不同設備間交換資訊的功能。

但在智慧工廠中，PLC與FA設備基本上都採用標準介面。工廠內的各式設備，就能夠透過網路交換資訊了。標準介面的採用，是智慧工廠這個概念的一大原則。

不同設備各有不同的使用目的，所需要的規格也很多樣化，不可能全部都做成通用式的規格。不過PLC以及組件未來可以想見會急速走向通用化。一旦走上通用化，建構系統的知識技術就可能標準化，變得可以分享與再利用。

企業用戶在推動智慧工廠時，必須充分探討要如何制定自己

公司的標準化方針。因為，這一點正是決定未來投資績效好壞的重要因素。關於標準介面，後面我會詳加介紹。

③日誌數據的儲存與轉換為KPI

FA設備的數據，本來就是以很精細的單位在處理與管理的。不消說，在短短的一秒鐘時間裏，機器就已經下了好幾個判斷，處理了好幾件事。但就算把FA設備連成網路，將這樣的數據抓到資訊系統裏，對人類（管理者）來說，這麼鉅細靡遺的數據，還是可以清楚地畫分為「有意義」與「無意義」兩大類。

雖然說是「即時」，但對於機器的所有「即時動作」，管理者並沒有必要全部掌握。把「控制類」的數據給「資訊化」的用意，就是要把原本只是陳列出來、不具任何意義的數字，轉換為具有意義的切入角度或是單位，再予以管理。

舉個簡單的例子說明好了。假設想知道電力消費的狀況，而感測器是以秒為單位把數據傳過來的。那麼，如果要問，以秒為單位的耗電數據，對管理階層來說，是否有意義？一般來說，是沒有意義的。就算看再多以秒為單位的數據，一方面很難判斷數據好壞，也無法採取任何行動（除非數字很明顯異常，那就有意義了）。對管理階層來說，需要的應該是「生產一件或一個批量的特定產品，需要耗費多少電力」，或是「待機時與尖峰時耗費的電力」吧。

總之，感測器按秒傳來的數據，不要只是直接儲存起來，而

是要轉換為能夠活用的管理資訊，再儲存起來。或者，也可以把儲存起來的數據，定期透過批次處理等方式，轉換為管理階層需要的形式，儲存於資料庫中。

　　更重要的事情是，不要把每種數據當成單項數據（像是各設備耗費的電力）儲存，應該要根據預先定義好的資料模式，把相關數據（製造訂單編號、測定時刻等）加進來一併儲存，好讓應用程式能夠活用這些數據。這可說正是智慧工廠的精髓所在。

　　讓事業能夠成功的重要企業活動，稱為「關鍵成功因素」（KSF[11]）；實際用於管理 KSF 的數字指標，稱為「關鍵績效指標」（KPI）。從經營階層到第一線為止，都可以定義 KPI。名為「指標」，因此多半是結果的數字，但制定 KPI 原本的用意其實是「希望以數字呈現出能夠帶來成果的驅動指標」，管理階層可以透過監測 KPI 得知未來的成果如何，並隨時採取行動，藉以提升成果的水準。這才是 KPI 原本的正確使用方法。

　　假如果只是結果的數字，那麼再怎麼管理，或許可以成為有助於未來行動的參考數據，但是卻無法改變已經出現的結果（雖然這也是理所當然的）。在結果出現之前，掌握其預兆，事前採取因應的措施，以創造出正確的結果 —— 能夠以這種形式活用 KPI，毫無疑問會是最理想的。

　　以製造業來說，SCM（供應鏈管理）等事項，固然可視

11 Key Success Factor 之縮寫。

為KSF，但說到SCM的KPI，從接單到出貨為止的L/T（前置時間）、庫存水準、交期遵守率等指標，可以算是單看結果時的KPI。但如前所述，把KPI定義為「能夠帶來成果的驅動指標」，還是有其意義。

假如把接單到出貨為止的前置時間這個結果視為KPI，那麼可以把一連串的流程分解開來，分別針對每個環節的標準前置時間比對延遲的狀況，定義其為有驅動性的KPI。這時，重要的並不是個別步驟的前置時間平均值（平均值未必能夠呈現實際狀況），而應該該把「相對於標準前置時間，是否出現了延遲」當成指標。

具體來說，一旦時間超過預先設定的前置時間，首先要提出警告。這樣在那個時點開始，就能著手於因應延遲採取補救措施。這樣做的話，就可能促使從接單到出貨為止的前置時間，順利在最後達成目標值。也就是說，遵守了從接單到出貨為止的前置時間。

此外，也可以另外把超過預設前置時間的件數以及其分布狀況，設定為流程負責人的KPI，提供給他。這就給了他分析流程中的問題、採取因應措施的機會。

在智慧工廠裏，由於可以自動透過偵測器、MES、基礎系統的合作，針對每張製造訂單編號，取得製造時的實際數據，因此只要能活用這些數據，就很容易可以像前面講的那樣，設定與監控KPI了。

除此之外，像是過去無法得知的「電力消耗狀況」，也可能

變成「可視化」。還有，「雖然理解其概念，但實際上很難實現」的作業基礎成本制（ABC，Activity Based Costing），也可能藉由結合來自機器的數據與來自基礎系統與MES的數據而實現。

　　只要讓工廠內的所有機器連成網路，再拿這些機器輸出、儲存的數據群整合MES或基礎系統，再加上適切的附加資訊，儲存於智慧工廠的資料庫當中，轉換為管理階層能夠活用的形式，整座工廠就「可視化」了。唯有如此，工廠的管理者，才能真正像感受自己的身體狀況一樣地感受整座工廠的運作情形，進而對工廠做良好的控管。

④共享品質資訊‧設備資訊

　　各種設備透過網路連線後，過去除了負責的部門外無法共享出去的品質資訊，或是與只由專人負責管理的設備相關資訊，也都變得能夠共享。

　　在品質方面，一直以來，工廠常見的做法是，要嘛是以書面格式記錄檢驗結果，要嘛就是只把數據留存在檢驗設備裏而已。到最後就是收存於某種儲存媒體中，交由專人或專責部門保管。無論是哪種狀況，數據的處理都僅限於特定地點而已。

　　但在智慧工廠裏，這些數據可透過網路（當然，前提是各設備都安裝了與這個網路相連的介面）分享出去，不受地點的限制。在這種狀況下，只要能利用X-R管制圖等應用程式取得測定數據，一直以來都在第一線以書面形式進行的品質管理工作，

就變成可以在系統上實現，變成可以同時在第一線與管理部門監控。此外，這些資訊除了原本負責的部門以外，還可能分享給與網路連線的所有相關部門。

另外，與設備相關的資訊，也變成能夠分享。像是讓設備稼動的各種參數、設備本身的動作日誌，以及自我診斷功能的診斷結果等。這些資訊，過去不是非得親自到設備所在的第一線才能得到，就是沉睡在負責人員的辦公桌深處。但透過網路，就有共享的可能了。

以實際狀況來說，這樣的資訊，原本就沒有在全組織分享，往往也不存在適切的應用程式。今後，應該會有人建置出各種的新應用程式。

【處方箋二】尖端技術改變工廠

讓智慧工廠成為可能的技術新潮流

　　就某種角度來看，智慧工廠的概念，其實極為單純。

　　畢竟，一言以蔽之，智慧工廠就是「將工廠內的所有設備連結在一起，為工廠舖設資訊的神經系統」。但一直以來這樣的事情從未實現過，也沒人當成實際的策略設想過。這是為什麼呢？

　　原因在於，過去一些足以促成單純的構想實現的不可或缺的條件，並未獲得滿足。所謂的條件，和一九九〇年起資訊系統發生的變革一樣（圖3-2）。當時，辦公室裏存在著各種的電腦，但這些電腦全都是獨自運作的。開放化的浪潮，除了讓這些電腦得以透過網路彼此交換數據外，也加速了供應商之間的競爭，使得成本因而大幅降低。

　　就像一九九〇年代初期的電腦一樣，開放化的浪費也襲向了FA設備。大規模變革將因而展開。

　　本節要介紹的是，智慧工廠歷經了何種歷史，即將成為現實，以及智慧工廠如何從勃興‧黎明期，發展到目前即將邁入普及期的技術創新浪潮。

圖 3-2　開放化帶來的變化

1990 年之前

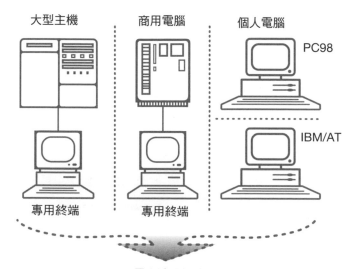

大型主機　　　　　商用電腦　　　　　個人電腦

PC98

IBM/AT

專用終端　　　　　專用終端

電腦連成網路後，
白領階級的生產力大幅提升

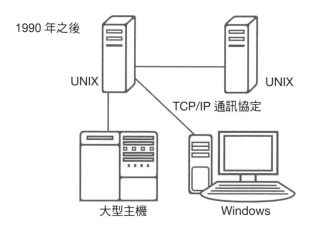

1990 年之後

UNIX　　　　　　　　UNIX

TCP/IP 通訊協定

大型主機　　　　　　Windows

就像 1990 年代初期的電腦一樣，開放化的浪潮也襲
向了 FA 設備，巨大的變革將因此展開。

開放化技術的浪潮也開始襲向FA設備

智慧工廠最重要的技術成分是什麼呢？

圍繞著FA設備的開放化技術與標準化浪潮。如前所述，一直到最近為止，在FA設備的領域裏，讓機器彼此能夠串連起來的「開放化」技術，尚不齊備。也因為工廠在過去並不會積極追求「串連」這件事，因此只見獨立系統一個個冒出來。但近年來，就連FA設備，也和電腦一樣，開始有適用的開放化技術。

如前所述，以PLC為首的FA設備，對穩定性以及回應速度的要求，都高到不是個人電腦所能比較的。就算個人電腦與伺服器再怎麼進化，以安全性為最優先考量的銀行業，現在仍採用大型主機建置線上系統。這樣的情形，已經清楚說明了一切。總之，即使多少犧牲一點方便性，也絕對不容許系統突如其來當機。

但近年來，在FA設備、廠房設備的世界裏，已慢慢出現了能夠滿足這種要件的高性能開放網路技術。

現在，FA設備的開放化，慢慢的以如下的形態在發展著。在此暫時把從基礎系統到工廠感測器層次為止的機器設備，畫分為四個系統階層（圖3-3）。

1. 基礎系統：經營、財會、生產管理等功能（多半涵蓋在ERP裏）
2. MES：下達製造指示、管理製造數據的功能

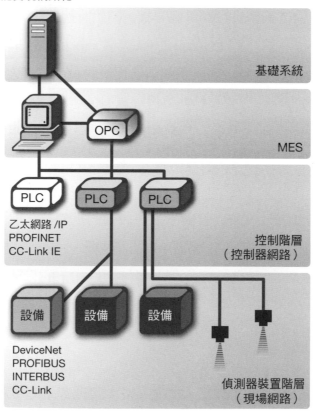

圖 3-3　FA 設備的進化與開放化

■現場網路的標準化
■控制器網路的標準化
■ OPC 的普及等

透過標準介面（I/F），從裝置階層到基礎系統階層，都可能實現網路化。

基礎系統

OPC

MES

PLC　PLC　PLC

乙太網路 /IP
PROFINET
CC-Link IE

控制階層
（控制器網路）

設備　設備　設備

DeviceNet
PROFIBUS
INTERBUS
CC-Link

偵測器裝置階層
（現場網路）

3. 控制階層：控制各式機器設備的系統

4. 裝置階層：個別偵測器等

　　針對這些階層，開放化的大趨勢，是從圖3-3的下方往上方走，以三個階層為對象。

裝置階層（現場網路）的標準化→

控制階層（控制器網路）的標準化→

MES／基礎網路以及其下系統的連接方式之標準化

　　關於MES這個把基礎系統的資訊轉換為第一線指示的系統，前面已經提過。MES（有時候是基礎系統）能夠取得PLC的資訊。這時常使用的是名為OPC[12]的標準介面。OPC可以幫忙吸收掉各式PLC不同通訊協定間的差異。

　　在機器的控制階層，PLC固然可以整合不同FA設備，但包括不同供應商的PLC之間在內，已經慢慢能夠彼此連線了。此一讓PLC之間能夠合作的網路，稱為「控制器網路」。

　　此外，讓PLC以下階層的各個機器設備或裝置、感測器之間彼此連線（也包括不同供應商的產品內）的網路，稱之為「現場網路」。

---

12 OLE for Process Control之縮寫。「物件連結與嵌入式程序控制」之意；
　　OLE為Object Linking and Embedding之縮寫，「物件連結與嵌入」之意。

現在，OPC、控制器網路、現場網路各自階層中的網路技術，都在朝標準化與開放化發展。一旦全都藉由開放技術連接起來，那麼從目前存在於工廠的終端設備機器，一直到PLC，以及MES、ERP（基礎系統）為止，就能夠配置在同一個網路下接受管理。

一直以來未曾連線的機器一旦加入網路，透過數據的共用等形式，不同機器間就變成能夠協調了。工廠的開放網路化，不折不扣正是朝著智慧工廠邁進的最重要機制。

①由供應商主導變成開放式現場網路

一直以來，「PLC」「裝置」，一向都是由控制盤供應商主導，把整套設備當成一個系統交貨給企業客戶。同一個設備系統中，會盡量採用同一供應商的產品建置。之所以會這樣，也是因為不同廠商的機器之間，得花很大的工夫才能連線。或者，也可能是因為負責建置整套設備的供應商，各有其熟悉的配合廠商所致。

此外，構成設備系統的裝置，在建置時也慢慢的變成可以個別和PLC連線。不過，把所有裝置都直接和PLC連接，配線起來的連線損失怎麼樣都很大。因此，首先以節省配線為目的，開始導入可串起PLC與裝置的現場網路。

不過，正如每個PLC都會呈現供應商特有的樣貌一樣，現場網路也是，一直以來都是廠商各有自己的獨特規格，網路化

圖 3-4　朝著開放式現場網路發展

現場網路

伴隨著現場網路的普及所實現的開放化，不同供應商的機器間得以連結，視目標的需求組成最適系統。

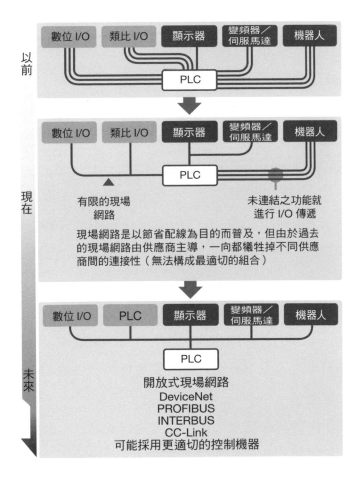

以前

現在

有限的現場網路

未連結之功能就進行 I/O 傳遞

現場網路是以節省配線為目的而普及，但由於過去的現場網路由供應商主導，一向都犧牲掉不同供應商間的連接性（無法構成最適切的組合）

未來

開放式現場網路
DeviceNet
PROFIBUS
INTERBUS
CC-Link
可能採用更適切的控制機器

一向是在廠商主導下推動。在製造業趨於高度化、複雜化的現在，幾乎沒有工廠只採用單一廠商的產品。因此，現在對於某一PLC，主流的做法是，部分裝置機器（與PLC來自同一廠商的話）會透過現場網路連上，連不上的機器並非經由一般網路直接連結PLC，而是各透過既有的個別配線提供數據。

若以連接性為優先，就無法選擇最適切的機器；若以機器的選擇為先，就犧牲了連接性。在既有的現場網路階層，最適系統的組成與連接性之間，幾乎是不可能同時成立的。

不過，由於這領域中的開放化與標準化有所發展，狀況變得不同了。慢慢出現一些把規格對外公開的現場網路，也就是「開放式現場網路」。

在「開放式現場網路」下，控制機器或裝置只要採用依照各自標準的介面，就能突破不同廠商間的隔閡，與PLC連線。此外，由於機器與機器間都連上了線，就可能實現最適配線與最適產品組合。

真的講起來，原本就不是單靠單一製造商在所有層面全部提供比其他公司還出色的機器。因此，只要透過標準介面確保連接性，對用戶來說，追求最適化時，就會增加許多選項。總之，這會是一大好處。

對用戶而言，在挑選機器組合、建構設備時，純粹只看「是否最有利於業務的執行」的可能性，就大大提升了。當然，在機器的規格上，其自由度也大為增加，可有效活用寶貴的空間。過去機器的挑選一向是由控制盤供應商（也有人認為是FA設備廠

商）主導，未來應該會慢慢變成由用戶（製造第一線）主導。

在現場網路的開放化下，廠方就可能從整體最適的角度，挑選製造第一線的機器組合、打造系統了。

②開放式控制器網路

PLC與PLC之間，也就是控制機器那個層次的網路連接，也面臨開放化浪潮到來，使得過去由供應商主導的狀況為之丕變。

過去，要連接兩台不同供應商生產的PLC時，必須使用通用性的通訊元件，在其中一台上面安裝另一台的通訊協定，才能傳輸數據，而且只限事前已設計進去的數據。兩台就已經這麼費事，更別說要連接很多台來自不同廠商的PLC了，實際上是做不到的。

後來，由於愈來愈多廠商針對自己的PLC產品提供規格不同於人的封閉式網路，用戶（製造第一線）在建構PLC網路時，又變成必須仰賴廠商。不過，多虧開放化的技術創新有所進展，用戶從原本的沒有什麼選擇，變成慢慢的可以透過開放式網路，連接不同廠商的PLC。

近年來，也出現性能極高的開放式網路，可滿足對PLC而言極為重要，對於「時間精準度」的要求。藉此，用戶總算慢慢的可以跳脫由廠商主導的PLC產品組合，開始構思如何利用後起廠商的PLC，建立「開放式控制器網路」，實現心目中的理想產品組合（圖3-5）。

圖 3-5　開放式控制器網路的演進

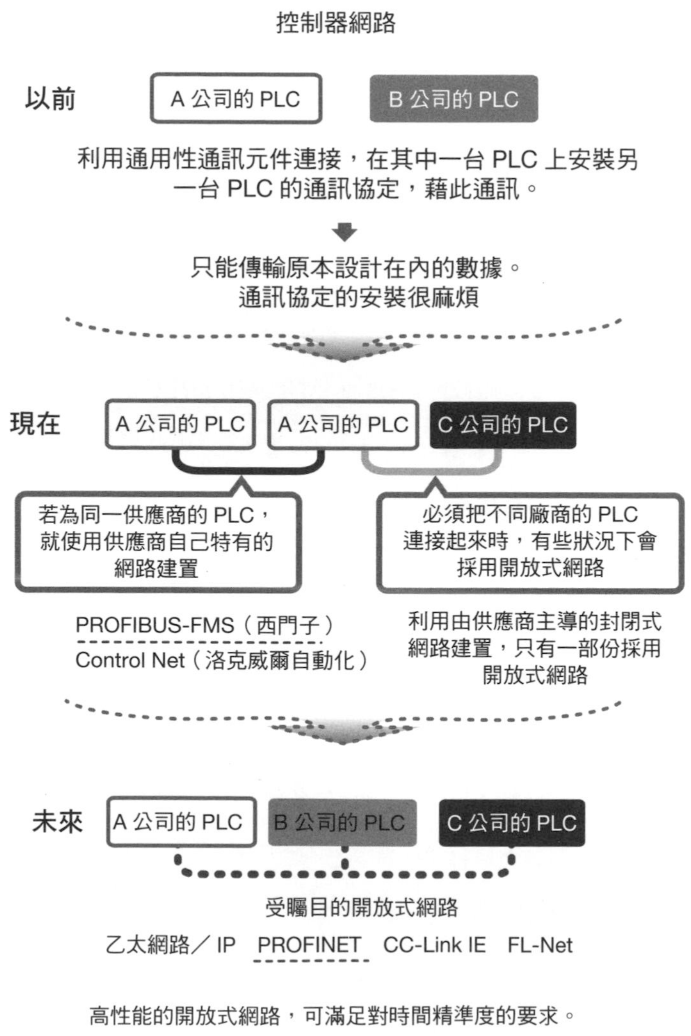

控制器網路

以前　A 公司的 PLC　　B 公司的 PLC

利用通用性通訊元件連接，在其中一台 PLC 上安裝另
一台 PLC 的通訊協定，藉此通訊。

↓

只能傳輸原本設計在內的數據。
通訊協定的安裝很麻煩

現在　A 公司的 PLC　A 公司的 PLC　C 公司的 PLC

若為同一供應商的 PLC，
就使用供應商自己特有的
網路建置

必須把不同廠商的 PLC
連接起來時，有些狀況下會
採用開放式網路

PROFIBUS-FMS（西門子）
Control Net（洛克威爾自動化）

利用由供應商主導的封閉式
網路建置，只有一部份採用
開放式網路

未來　A 公司的 PLC　B 公司的 PLC　C 公司的 PLC

受矚目的開放式網路
乙太網路／IP　PROFINET　CC-Link IE　FL-Net

高性能的開放式網路，可滿足對時間精準度的要求。

③PLC與業務應用程式的合作

開始連接的不是只有低階層的系統而已。如前所述，也慢慢出現一些案例，是把「訂定生產計畫的基礎系統（ERP）」「把基礎系統的數據轉換為製造指示的MES」以及「控制系統PLC」連接在一起運用的。

MES與基礎系統都可以在乙太網路[13]下連接。也就是說，只要合乎邏輯，就可以像連接不同基礎系統一樣，把它們連接在一起；這在技術上並不是很新。

不過，基礎系統、MES要和PLC、FA設備連接，就不是那麼容易了。現況下，多半還是只能透過乙太網路個別手動連接。

原因在於，第一線仍存在許多以獨自的介面標準製造出來的設備。身處於各種介面同時存在的環境中，最近漸漸成為主流的解決方法是，透過OPC促成合作。所謂的OPC是一種利用了微軟COM/DCOM（元件物件模型〔Component Object Model〕、分散式元件物件模型〔Distributed COM〕）技術的標準介面規格。關於OPC的詳細介紹，請參閱書末的專有名詞解說。總之，OPC就是一種用在控制‧量測系統與資訊類系統上的標準介面。

一直以來，要連接MES（或基礎系統）和PLC時，都必須採手動方式建立與PLC之間的介面（各廠商雖然有工具可以把

---

13 乙太網路（Ethernet）：電腦開放式網路的標準規格。

自家PLC的資訊讀到資訊類系統中,但過去並不支援其他廠商的機器)。但慢慢的,現在只要利用能和各主要廠商的PLC通訊的OPC伺服器,就算屬於不同廠商,一樣能夠簡單取得資訊(圖3-6)。

等到建立了利用OPC的系統後,再來只要是主要廠商的產品,OPC伺服器幾乎都支援,也就沒必要再重新修改系統了。由於用戶不需要深入了解各公司的技術規格,系統的建構變得極為容易。

還有一件事,希望各位謹記。

現況下,利用OPC能夠做到的,頂多就是建構以參照資訊為主的系統而已。相較之下,假如想要以「利用OPC交換資訊」為前提,在控制類系統中建置實際的控制功能,那麼能夠適用的案子會變得比較有限。

④大規模數據的儲存與搜尋

假如智慧工廠最重要的技術成分是FA設備所處環境的開放化與標準化,還有另一個重要技術成分,就是大規模數據的管理以及搜尋技術。

不管是控制機器、感測器,還是獨立系統,在製造第一線,原本就存在著儲存與管理各系統資料的需求,這是毫無疑問的。沒人會沒事愛把紙本表單變多。不過,要轉換為資料庫,所耗費的心力往往遠超過想像。

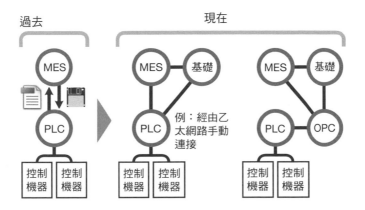

圖 3-6　與基礎系統合作的可能性

PLC 與日常業務應用程式間，慢慢變成有合作的可能（不過，目前多半仍僅止於透過乙太網路連接，較高階層以手動建立介面的層次）。

一旦從 FA 到業務系統為止都變成能夠合作，那麼在很多層面就會有變革的可能

　　原因之一在於，過去資料庫的技術水準。既有資料庫所擅長的資訊管理，是把所有資訊重新編整為固定格式，變成有一定規格的「記錄」，而且要照著格式輸入與記錄「資料」。這種資料庫不允許例外性的輸入。若用來處理會計資料等規模龐大且格式固定的資料，固然是十分適切的機制，但如果是格式不固定的資料就無法處理，也不可能想搜尋什麼就搜尋什麼。再者，也無法用來管理圖片與聲音等多媒體資訊。

　　這樣的課題，這十幾年來由於技術的突飛猛進，可以說已經漸漸解決。除了格式固定的「記錄」之外，包括圖片、影像、聲音在內的格定不固定的資訊之記錄、管理與抽取，已經慢慢的在實現了。此外，左右資料庫效能的CPU處理速度，也上翻到難以置信的水準，硬碟也變得很便宜。

　　說極端一點，就算不去「整理」各種格式的龐大數據，而是「原汁原味地」把它們全都保存下來，也不再需要像過去那樣那麼在意所耗費成本了。再者，假如在硬碟上搜尋數據所耗費的處理時間不符需求，雖然成本略高，但只要改為活用半導體記憶體上的空間就行。這樣就能夠以更高的速度進行大量的搜尋與演算了。這年頭的資料庫與硬體環境的效能，總算足以處理大規模數據。

　　前面已經提到，智慧工廠裏，重要的是儲存各種製造數據，以及把這些數據間的關聯性轉為資料庫。當資料或參數過多的時候，若想要自由自在地搜尋，將對資料庫帶來太重的負擔。因此，既有搜尋技術，都會預先設想（使用頻率較高的）搜尋模式

之類的，再以容易處理相關數據的形式存放起來，以維持搜尋效能。

　　不過，就算事前再綿密地想像可能的搜尋狀況，智慧工廠中需要的資訊搜尋模式，也很難完全預先定義。必須要能夠視需求從各種角度有彈性地搜尋各種資料才行。而且，產品的零組件一旦超過一千種以上，不難想像，資料量會變得極為龐大。除了資料倉儲、資料超市等技術外，據信只要能積極採用以最近的谷歌（Google）為代表的那種非固定格式、靠感覺的搜尋技術，就可能做到更多事。對智慧工廠來說，資料管理的搜尋效能足以滿足使用者所需，是不可或缺的。

補充資料・未能超出
「通用汽車主導」範疇的「MAP」

　　其實，一九八〇年代在美國，曾經出現過讓人聯想到智慧工廠般的嘗試。通用汽車（GM，General Motors）在當時推動的名為「MAP」的概念。

　　MAP這個嘗試是要把工廠內的設備連結成網路，藉由資料的共享，讓電腦來控制整座工廠。那是個描繪出製造業輝煌未來的概念，也是技術的標準。當時，我服務於日本汽車廠商的生產技術相關部門。當初為了學習而購買的MAP相關書籍，到現在我都還在留在手邊。後來，MAP被更換為CIM這個名字，引發

了一大風潮。

CIM是未來製造業的模樣，每個人都想搞懂CIM。市面上也出版了許多相關書籍。

只是，到頭來CIM還是消失在大家的記憶中。為什麼？

失敗的可能原因有幾個。

第一，就是技術跟不上想法這樣的單純事實。那是個連業務類的電腦都還很難網路化的時代。就算是同一供應商的個人電腦，也很少進行網路化，更別說不同供應商間的網路化了，更是聞所未聞。如前所述，在製造第一線的獨立系統一個個冒出來的現況下，大家就連「網路」一詞都還未能理解，最重要的是在技術上缺乏能夠實現的根據。

另一個原因是，MAP是一個由通用主導的概念。在通用的主導下，建立一個把整個汽車業都牽扯進來技術標準，原本就是個不切實際的做法。因此，在其他製造業者或FA設備供應商之間，並未出現跟隨此一概念的行動。而且，也沒有引發多家供應商透過彼此的切磋培育技術、一起把餅做大的良性循環。

再者，當時想要實現的目標，必須耗費龐大的成本。那時CPU還很貴，成本高過於導入的好處。

MAP固然是個簡單又強而有力的概念，但在最關鍵的「目的」卻不清不楚，不知道「把工廠的機器串連起來到底能夠做什麼，又能夠如何連結到企業的策略上？」而且在商業面這麼做的動力也很弱，可以說不易獲得認同。

但智慧工廠不同於MAP之處在於，工廠的網路化充滿豐富

的外部因素可以成為採取行動的動機，不是只有概念而已。而且，標準介面已經出現在使用者伸手可及之處。

　　哪家企業能夠最快理解這樣的狀況、擬訂策略、付諸實現，就可能最快占得優勢。過去經歷過的歷史，與此刻在現實中發生的變化，二者各自帶來的影響有多大，是無法相提並論的。

【處方箋三】運用智慧工廠大幅改變工廠管理

前一節主要說明了智慧工廠在系統面的部分。

但重要的是，如何將之活用到商業中，連結到成果上？在本節中，我會一面引用具體例子，一面說明智慧工廠可以為企業帶來何種好處。

智慧工廠能實現什麼

大體上，推展智慧工廠可以得到以下三種可能性。

（一）提升即時性
（二）資訊的「共享化」「統一化」「可視化」
（三）最適化

若能活用這三種可能性，則可望享受到以下這樣的多種改善效果：

- 品質管理能力更上層樓
- 刪減包括間接部門在內的管理成本

- 二氧化碳減量／節能
- 改善現金流量
- 提升良品率
- 縮短生產前置時間
- 減少設備投資
- 減少設備維護成本
- 減少零件・產品之庫存等

其結果是，得以讓工廠整體的產能因而大幅提升。

那麼，以下就來逐一檢視這三個可能性。

（一）提升即時性

前面已經提到，目前幾乎所有製造業，工廠的FA機器設備和只在製造第一線使用的「個別系統」，與除此之外包括ERP等基礎系統在內的「資訊類系統」之間，彼此「沒有連接」。這意思是，常駐於總公司的管理部門員工，不可能即時掌握製造第一線的狀況。

那麼，導入智慧工廠後，最大的好處是什麼？

最大的好處在於，可以把一直以來在製造第一線呈孤立狀態的各種FA機器設備連上網路，汲取從中得到的數據，再「資訊化」成為讓資訊類部門，也就是總公司或工廠管理部門看得見的

形態。一旦做到這一點，第一線發生事情時，相關各部門就能夠共享資訊，也能夠即時針對現場狀況做出決策、採取因應之道。不會再流於過去那樣的資訊循環，也就是在一天的工作結束後才把匯整而來的工廠成績單交給管理部門，隔天起才分享給相關部門。

　　例如，假設某條生產線發生問題。報告提交到管理部門那裏，可能是一天後、一星期後，甚或一個月後的事。到那時候，問題才以整理為「不良率」報告的形態，上呈給管理部門。可是，對出問題的生產線來說，「不良率」的報告等於是一分「死亡診斷書」或是「死亡率」的統計而已。

　　請各位想像一下，在流行性感冒的盛行季節結束後，在針對死亡病患做死亡統計之前，醫師分析「感染為何會擴大」「哪種疫苗對哪位病患有效」等事項時的心情。某群病患的「死亡原因」只要分析得宜，或許對下一批病患來說是很有用的知識。但流感病毒會在一季當中急速變化，雖然好不容易完成了分析，卻未必會再次出現原因與症狀完全相同的病患。

　　像這樣完全坐失治療時機，等到第一線的狀況全都結束後，已經晚了。一直以來，製造業的管理部門，也是要等到這樣的時點，才開始致力於解決問題。

　　現在，要想解決眼前的問題、分析其原因以防止日後再發生，明明只能靠即時掌握症狀、採取因應措施，卻未能做到。等到一回神，病況已然惡化，很可能已經遲了。製造業的管理部門不知不覺也陷入了這樣的窘境當中（當然，這不是要否定所有統

計數據，畢竟在處理總體性的問題時，依然需要統計數據，只不過在因應個別問題時並非如此）。

　　隨著製造第一線趨向複雜化、高度化，在上位者的實質管理能力難免相對變差或流於形式化，過去也確實缺乏足以徹底解決這問題的方法。有很長一段時間，凡事都只能以亡羊補牢的方式因應。

　　但智慧工廠顛覆了這樣的常識，把過去的「不可能」變成可能。在製造第一線出現什麼瑕疵品或問題時，馬上就能掌握，並轉換為「資訊」。此外，還可以視優先度與重要性，立即分享給相關單位或管理部門，採取應有的因應措施。要極力防止發生的問題，隨著時間的經過，演變為如連環車禍般餘波盪漾的狀況，好讓損害降到最低。

　　在智慧工廠的概念下，把基礎系統與感測器等FA設備連接起來後，製造業的工廠管理，應該會呈現出截然不同的樣貌（圖3-7）。

（二）資訊的「共享化」「統一化」「可視化」

推動智慧工廠可帶來的第二個好處是：

①資訊的共享化

②資訊的統一化

③資訊的可視化

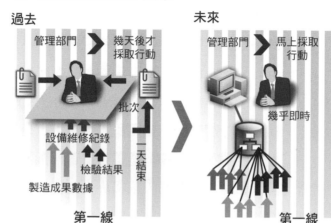

圖 3-7　提升即時性，促使工廠管理改變

第一線資訊變得易於即時分享

過去

管理部門　幾天後才採取行動

批次

設備維修紀錄
檢驗結果
製造成果數據
一天結束

第一線

按天、按週，在批次循環下蒐集、整理與呈報資訊

未來

管理部門　馬上採取行動

幾乎即時

第一線

管理部門可即時掌握第一線資訊

那麼，就來詳細探討一下。

①資訊的共享化

資訊共享化的前提是前面介紹過的第一個好處，即時性。

由於可以透過網路取得所有資訊，只要建立起共享化的機制，一直以來只在紙本上才看得到的資訊，或是負責者以電子郵件通知的資訊，就變得很容易有系統地分享給別人。

不只這樣，推動智慧工廠所帶來的共享化，最大的影響在於，那些和第一線設備或資源特別相關的資訊等，在既有環境中沒有想過可以共享的資訊，也都變成能夠共享。

設備原本是在封閉的世界中建構與使用的。它所處理的數據，與其說難以共享化，不如說原本就沒有「要把數據分享出去」的想法。因此，也就不會有「要如何運用這樣的數據」，或是「要如何跨越部門與工廠這樣的組織框架，活用這些數據」之類有系統的行動。這使得許多有用的資訊，都埋沒在負責人的辦公桌裏或電腦裏。另一方面，過去對於資源的消耗量等數據的必要性，固然缺乏足夠的認識，但也是因為原本就沒有去量測與掌握這些數據，它們才會變成好像不存在一樣。

即使如此，考量到最近關於二氧化碳減量等社會趨勢，我必須說，一旦缺乏這樣的資訊，要負起企業社會責任，是相當困難的。在智慧工廠裏，透過網路取得電力感測器的數據、掌握與分享各個設備所耗費的電量後，就能更有系統地訂定優先順序，有

效率地推動減少耗電量之類的活動。

②資訊的統一化

接著來看資訊的統一化。這帶有兩層意義在。

第一層意義是，避免出入。就算手邊已經存有資訊，只要沒有統一化，不同資訊間因為時間落差而產生出入時，或是隨著時間的過去，連資訊的定義本身都因為迫於需要而開始產生變化，開始出現不同的運用方式時，就很可能會察覺不到。

透過網路管理，就代表著可能做到統一化的管理。也就是說，散落於各處的相關資料，可以流一集中管理，藉以避免各種出入。

統一化的另一層意義，也可以看成是新發現。一些過去個別管理、乍看之下沒有太大的意義的資訊，在統一地建立起相關性，予以管理、共享後，可能變得很有意義。

機器處理的資料只是純粹的訊號累積，必須要有「解釋」或「翻譯」才能讓它帶有意義。例如，假設現在針對某特定狀況，從感測器那裏取得了依照時間順序排列的逐筆詳細數據。但針對這樣的單一數據，再怎麼解釋與翻譯，也沒辦法找出太深層的意義吧。

但如果在同一時期稼動的生產線所生產出來的部分產品出現瑕疵，或是和其他時期相比，耗費的電量出現大幅起落時，那這些數據就帶有重大意義了。為何會出現瑕疵品？為何電力需求比

平常要高？過去，就算腦中浮現這樣的疑問，由於「顯示出關聯性」的資訊付之闕如，根本不可能回溯當時的狀況做分析。數據固然分別都存在，但因為不知道數據和數據間有何關聯，很難找出其相關性。

在這樣的狀況下，第一線負責人一向都是根據自己的記憶或知識，不斷透過「推定有罪」或「推定無罪」把問題解決掉。但在問題發生時，若能全面掌控與比較像是「感測器的數據顯示出什麼樣的數字？」「其他生產條件是否出現什麼變化？」之類的事情，那麼即使只是純粹的感測器數據，也會馬上變得重要起來。

在導入智慧工廠的工廠裏，會統一地蒐集與儲存製造條件的詳細數據，並把有關聯性的數據串在一起，變成搜尋得到的狀態（圖3-8）。這除了可以促使廠方即時掌握製造上的問題或課題，還可以回溯到過去追究原因。

「問題發生時的生產條件如何？」「和沒有出現瑕疵品的時期比較起來，哪裏不一樣？」像這些原本散落於不同地方，或是難以取得的「各種數據」，在智慧工廠的資料庫裏，都是統一地管理與共享化的。唯有如此，單個感測器的數據，才真正稱得上是「資訊」。也就是說，「將各種製造數據統一地根據其彼此關聯性儲存下來的機制」，以及「把製造數據轉換為可活用資訊的機制」，不折不扣正是智慧工廠帶來的好處。

圖 3-8　各種製造數據的共享化、統一化

一直以來未曾管理過或無法管理的資訊，變成可以共享化、統一化

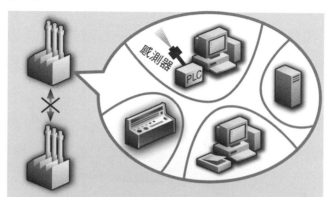

基礎系統以外的資訊（與設備相關的資訊等），散落於各處分別管理，甚至於沒有蒐集與資源使用量有關的資訊

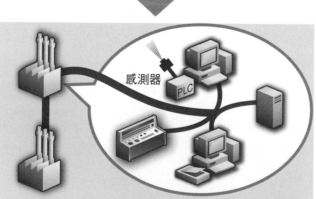

去除系統、組織與實際所在地等隔閡，讓共享化與統一化變成可能

③資訊的可視化

　　前面已提到，導入智慧工廠後，可實現「提升即時性」以及「共享化‧統一化」。若以最近的流行語來講的話，也可以說是在推動工廠的「可視化」。

　　過去的「可視化」，主要是把可以在製造第一線那個層次活用的資訊給「可視化」。例如，塗上不同顏色的油漆，以區分工廠內的走道以及作業區域，或是利用夜間照明燈讓大家都知道哪一帶發生問題。

　　相較之下，智慧工廠裏，針對工廠管理者或設備管理者等間接與第一線有關聯的人所需要的第一線資訊，也實現了「可視化」。當然，這些資訊對製造第一線來說都非常重要。後面會介紹的「J成本」等項目的「可視化」，和製造第一線有著直接關聯，因為可以讓廠方在進行各種改善活動時，更能確保與工廠經營的連動性。

　　致力於這樣的「可視化」，可預期收到以下的成效：

(1)更快解決問題
(2)節省蒐集與整理資訊的人工處理過程
(3)所耗資源與二氧化碳減量
(4)減少設備相關成本
(5)落實從管理階層到第一線為止的一貫管理體制

(6)更迅速分析出品質等問題的原因

那麼，以下就逐一簡略探討。

(1) 更快解決問題

在既有的工廠裏，各式資訊都是整批處理的。例如，醫師每天或每週收取一次報告，了解隔壁房病患的狀況，據以開處方箋。但是在他收到「病情惡化」的報告時，其實已經晚了。

相較之下，智慧工廠由於提升了即時性，可以像和病患面對面一樣做出診斷。

一直以來，製造工程中的檢驗工程，都是把測量到的數值，記載於生產線旁設置的布告欄上的X-R管制圖上，或是謄寫（轉記）在事先準備好的表單上。工程管理者在巡視時，會確認是否出現異常值，若有問題就採取因應措施。此外，視問題的性質而定，也可能會上呈給高層。

就算在同一工程中頻繁出現問題，每次都只是當場把問題解決掉而已，假如沒寫問題報告書之類的白紙黑字，高層就無從知道此一事實。

相較之下，智慧工廠裏，就可以從檢驗設備上讀取數據，再轉到X-R管制圖的應用程式中。應用程式只要一發現數值異常，可以馬上發通知警告各相關單位。

這可以讓包括高層在內的人員，迅速採取必要的措施。再者，假如問題只發生一次，高層可以委由第一線的負責人全權處

理；但如果同一工程一再傳來同樣的警告，高層還是可以訴諸更有效能的因應措施，像是採取行動謀求徹底解決問題。

　　總之，無論短期或長期，會變成可以確切掌握問題的發生、迅速採取行動。

(2)節省蒐集與整理資訊的人工處理過程

　　我再強調一次，在既有的工廠裏，由於內部設備與系統尚未網路化，各式資訊因而無法即時共享。不過，這並不代表資訊完全沒有共享（姑且不論是否努力將這些資訊拿來活用），還是有在某種形式下共享。

　　那麼，當時是如何共享資訊的？不消說，是以人工的方式進行的。過去採取的方法是，各種數據記錄到紙上後，以每日或每週一次的頻率交由人工蒐集起來，再據以輸入到電腦裏，轉換為必要的格式，再以電子郵件或紙本形式發送給相關人員。

　　相較之下，在智慧工廠裏，是透過把內部設備連成網路，藉以分享資訊。數據不是由人工輸入的，而是從檢驗裝置經由網路蒐集、儲存、轉換過後，再視需要予以運用。除了檢驗數據外，各種數據都一樣不經由人手就能利用。在那種狀況下，就節省了用於蒐集、謄寫、輸入、儲存、管理等工作的人工作業。

(3)所耗資源與二氧化碳減量

　　資源慢慢減少，價格也日趨昂貴。所耗資源與二氧化碳的減量，對企業來說，已漸漸成為一種壓在肩頭的社會責任。但現在

在工廠裏，對於資源的使用量或二氧化碳排放量，都只是粗略的估計值而已。總量或許掌握到了，但對於「在哪裏使用了多少」，或是是否已經發生，都完全不清楚。

假如無法掌握「在哪裏使用了多少」，事實上等於不可能有效地做到減量。

相較之下，在智慧工廠裏，可透過網路取得這些數據，連數據與相關資訊間的因果關係，都能夠得知。因此在設想減量策略時，管理階段可以一目瞭然地知道從哪裏下手的成效最好。這麼一來，減量的實現，就只是時間的問題而已。

在此舉一個具體的例子，來說明「可視化」對於工廠的二氧化碳減量，可以如何帶來貢獻。

圖3-9是一覽表，提供的是進出工廠的卡車所排放的二氧化碳之估算標準。這是由經濟產業省與國土交通省共同製作的表格，也就是國家的正式文件。

最上方的算式，介紹的是如何根據卡車的燃料與大小類別以及「積載率」，估算出二氧化碳的排放量。這張表還告訴不清楚自己積載率的業者，可以直接取用相對應的數字。當然，這裏的推定數字會設得比平均值還大一些。否則等於反而讓認真計算自己積載率的業者吃虧，變成是本末倒置。

我想表達的是，只要知道自己卡車的「積載率」，二氧化碳就有減量的可能。這看起來或許是制度上的技巧問題，但做到「可視化」的業者，也會跟著找到有效的「因應做法」。這可以讓業者的二氧化碳排放量真的減少，而不只是表面上的數字而已。

圖 3-9　可視化的好處

二氧化碳估算方法簡介

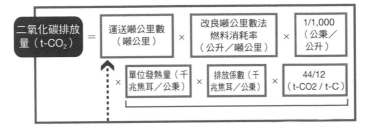

改良噸公里數法能源消耗率

燃料	最大載積量（公斤）	中間值	運送噸公里平均燃料使用量（公升／噸公里）積載量（%）					
			10%	20%	40%	60%	80%	100%
汽油	輕貨車	350	2,74	1,44	0,758	0,521	0,399	0,324
	～1,999	1,000	1,39	0,730	0,384	0,264	0,202	0,164
	2,000以上	2,000	0,886	0,466	0,245	0,168	0,129	0,105
輕油	～999	500	1,67	0,954	0,543	0,391	0,309	0,258
	1,000～1,999	1,500	0,816	0,465	0,265	0,191	0,151	0,126
	2,000～3,999	3,000	0,519	0,295	0,168	0,121	0,0958	0,0800
	4,000～5,999	5,000	0,371	0,212	0,120	0,0867	0,0686	0,0573
	6,000～7,999	7,000	0,298	0,170	0,0967	0,0696	0,0551	0,0459
	8,000～9,999	9,000	0,253	0,144	0,0820	0,0590	0,0467	0,0390
	10,000～11,999	11,000	0,222	0,126	0,0719	0,0518	0,0410	0,0342
	12,000～16,999	14,500	0,185	0,105	0,0601	0,0432	0,0342	0,0285

燃料	積載率不明時			
	平均積載率		能源消耗率	
	自家用	自家用	自家用	自家用
汽油	10%	41%	2,74	0,741
	10%	32%	1,39	0,472
	24%	52%	0,394	0,192
輕油	10%	36%	1,67	0,592
	17%	42%	0,530	0,255
	39%	58%	0,172	0,124
	49%	62%	0,102	0,0844
			0,0820	0,0677
			0,0696	0,0575
			0,0610	0,0504
			0,0509	0,0421

經濟產業省・國土交通省發行
《物流領域二氧化碳排放量估算方法 共同指南（第二版）》

講個題外話，只看這張表的話，平均積載率並不是太高的數字。這數字代表意義是，積載率低的卡車到處跑的例子很多。看起來還很有改善的餘地，像是在積載方式上多用心，以減少卡車數量，或是安排積載量小、排放量少的卡車等。

(4) 減少設備相關成本

雖然設備相關成本所占比例會因為生產什麼產品而截然不同，但在工廠裏，與材料費、人工費相提並論的一大成本，就是設備相關成本了。

設備相關成本包括以下這樣的項目：

* 導入新設備時的購買、設置成本
* 設備運轉所需要的人工小時
* 維護維修費用
* 煤電費

一旦走向開放化，某些設備會變得很容易找到其他廠商的物品取代。這麼一來，廠商間的價格競爭會變得激烈，同樣功能的價值就下滑了。反之，不採用標準介面的企業，就必須甘願承受相對較高的成本。

此外，一旦往標準化發展，可以累積建置與管理系統的知識與經驗，要追求效率化也會變得更容易。專為個別廠商的產品安排的專業技術人員一旦減少，人事成本也會降低。由於可共享與

管理設備的稼動狀況等資訊，既能減少無謂的設備，也可以藉以刪減與設備相關的各種成本，像是追求維護或維修計畫的最適化、共享備用品、減少備用品庫存等。

除此之外，還有一個好處是，在做投資設備的判斷時，會更為精確。例如，假如你問幹部

「在實際導入設備後，你會回頭去對照設備投資的簽呈嗎？」

幾乎沒有任何幹部會給你肯定的回答。既有設備還沒有充分利用，就採購新設備固然教人覺得豈有此理，但由於負責人或管理者都沒有充分掌握狀況，現實當中才會容許這樣的不合理現象存在。此外，如同前面在講二氧化碳減量時提到的，一旦重新檢討設備的使用方法，就能藉由減少耗電量而節省煤電費。

實際推動智慧工廠後，你還會享受到除此之外的各種好處。

(5) 落實從管理階層到第一線為止的一貫管理體制

一旦開始取得第一線的各種資訊，原本在管理層級設置的管理目標，就能夠拆解為第一線的管理目標，原本看似無法管理的事項會變成能夠管理。

關於這一點，稍後會舉更具體的解決方案實例詳細說明，但現金流量的管理就是其中一個代表性的事項。託 SCM 受到矚目之福，現金流量管理一詞，也深植於經營者心中。

該如何活用資金錢滾錢、賺取收益之類的。

但對第一線來說，沒有比這個還難懂的事情了。為什麼？

第一線的管理，主要的重點可能還是放在「生產力」上，也

就是「一項工程的平均作業時間」。要把這樣的管理目標連結到現金流量上，實在很困難。對經營者來說，現金流量或許是毋需多說的道理，但對第一線的人員而言，卻是個毫無意義的字眼。就算要求他們「一定要設法做好現金流量管理」，他們既對此無感，也不知道該怎麼做。

有一種名為「J成本論」的方法，可以用來解決這樣的問題。這是敝公司顧問、曾任豐田汽車生產調查部長（豐田式生產的發源地）的田中正知先生所提倡的觀念。只要運用「J成本論」，就能把「經營層級的目標」與「第一線的目標」連結起來（關於「J成本論」，後面在解決方案那裏我會詳加介紹）。

但若要活用「J成本論」，就必須取得第一線的各種數據。而且，由於過去在工廠裏要取得這些數據需要龐大的人工小時（因為在ERP等基礎系統裏，必要的層次中並不存在數據），實際要做，會伴隨著很大的困難。但在智慧工廠裏，由於取自感測器等設備的數據，以及和基礎系統上的製造訂單等相關的數據，可以組合在一起儲存，因此相較之下可以比較容易計算出「J成本」。

第一線管理工作的水準，將可因而大幅改善。

(6) 更迅速分析出品質等問題的原因

一旦實現智慧工廠，就能取得與製造相關的各種數據，做統一的管理與共享。針對近年來讓各個製造業者煩惱的瑕疵產品的問題，這也會有徹底予以改革的效果。

產品出現瑕疵時，首先該做的是追究原因以及找出影響範

圍。但舉個例子，目前絕大多數的製造業者，要想精確地知道幾個月前的某個時點，在製造第一線發生了什麼狀況，是很困難的。如果還想馬上回溯到當時做調查，差不多算是天方夜譚了。

如前所述，由於資訊是個別（有時候是以紙本形式）管理，要蒐集到必要的資訊很花工夫，也可能有資訊蒐集不齊的問題，或是資訊之間的關聯性不明朗的問題。因此，要找到發生問題的原因，幾乎不可能。即使如此，身為製造業者，還是必須對消費者負起責任，就算知道做不到，一樣得追究原因，直到得出某種結論為止。因此，業者一直以來都為了這件事，耗費了龐大的人工小時。

那麼，智慧工作導入後，會變成怎樣呢？

只要存取在智慧工廠建置的資料庫，就能查各種數據。出現瑕疵品時，構成這個瑕疵品的各種要素，像是實際使用的「零件」「原料」，或是當天的「工程」「設備」「負責人」等相關資訊，可以在一瞬間就全部調出來。

只要能找出原因，資料庫中也可以查看得到，各零件是否和其他零件或產品屬於同一個製造批次等資訊，因此也可以馬上就掌握受到影響的範圍。

把產品的不良率降到零，是全球的一流企業一直在追求，卻至今未能實現的目標。但如果像前面講的，提高管理的即時性後，就可能把品質管理提升到更高的水準。就算不幸還是讓瑕疵品進入市面，根據在智慧工廠裏掌握的資訊，依然能夠盡速把問題處理掉（圖3-10）。

圖 3-10　立即因應品質問題

把和製造相關的各種資訊依照關聯性管理後,就能更快速、更正確地針對品質問題採取因應措施

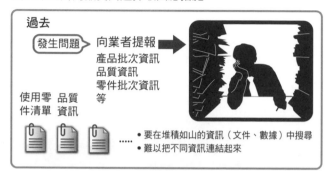

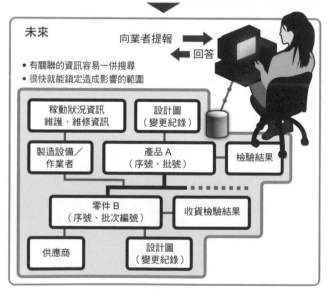

（三）最適化

過去由於FA設備廠商採用自己的介面，在建構系統時，要混用不同廠商的FA設備，是有困難的。但在智慧工廠裏由於採用標準介面，現在就變成可能了。換句話說，和業務類系統朝開放化發展一樣，業者變成可以在各種產品當中，挑選最適合的那些來建構系統（圖3-11）。

這麼一來，使用者可以享受到兩種好處。也就是在系統由最適切的設備組成之下，

1. 系統性能可望提升
2. 系統建置成本可望降低

一直以來，業者都被迫只能二選一，要嘛講究設備的連接性，要嘛注重性能。苦於一種「一旦選擇了性能，成本就無可避免會增加」的兩難情境。但只要推動智慧工廠，某種程度可以跳脫這樣的兩難情境（當然，就像業務用電腦的世界一樣，在設備的世界裏，並非一切都是靠標準介面連接的）。

由於一九九〇年代前半展開的業務類系統的開放化，一直以來各廠商都採取自己特有基礎架構的個人電腦，慢慢的變成以IBM ／ AT的基礎架構為標準，漸漸普及。其結果是，個人電腦的售價跌到幾分之一。當然，原因不光是這樣，也和需求增加、產品走向量產化。但這也等於是個先有雞還是先有蛋的問題。

在FA設備的世界，也會發生同樣的事情吧。今後一旦走向

圖 3-11 最適化的趨勢

將最適設備整合在一起，可讓設備的投資報酬率達到最大

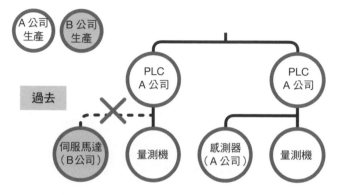

FA 設備採用各公司自己的介面，不易和其他廠商的產品連接

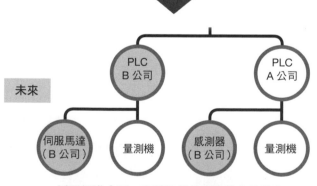

採用標準介面，容易和其他廠商的產品整合

推動標準化後，可降低製造與維護等成本

開放化，具通用性的設備慢慢走向標準化，售價就會慢慢下滑。而且，在連接這些設備時，也不再需要為了和規格不同的機器連接，而耗費開發與設計成本在所需要的獨特介面上了。智慧工廠不但提高了使用者的方便性，還降低了成本。

在智慧工廠裏，工廠的系統如何變化？

隨著智慧工廠的推動，工廠系統可望：

- 強化既有系統的功能
- 建置既有系統中沒有的應用程式

在強化既有系統功能這件事上，與生產管理相關的有以下這幾項：

- 生產排程可以把能源耗費量等項目納入考量
- 實際成本系統的精密化
- 庫存管理系統的功能強化（批次管理、進出庫功能自動化）
- 設備管理系統的功能強化（技術資訊、維護維修狀況相關）

從管理系統的角度來看，既有系統功能強化部分是在

- 各種KPI的管理（二氧化碳、J成本等）

除此之外，可能建構的新應用程式包括以下幾種：

- 品質資訊管理
- 設備管理
- 資源管理
- 安全管理

若把以上這些功能的強化做成圖表，就像圖3-12那樣。

那麼，以下就挑選各位似乎會最感興趣的三項，具體說明。

①實際成本
②藉由J成本做到現金流量管理
③資源管理

①實際成本

對製造業來說，正確知道所製造的產品花費了多少成本，是極為重要的一件事。假如不知道成本，「把售價訂在多少，可以賺到多少利潤」這樣的商業基本原理，就無法成立。不知道成本

圖 3-12　智慧工廠的主要功能圖

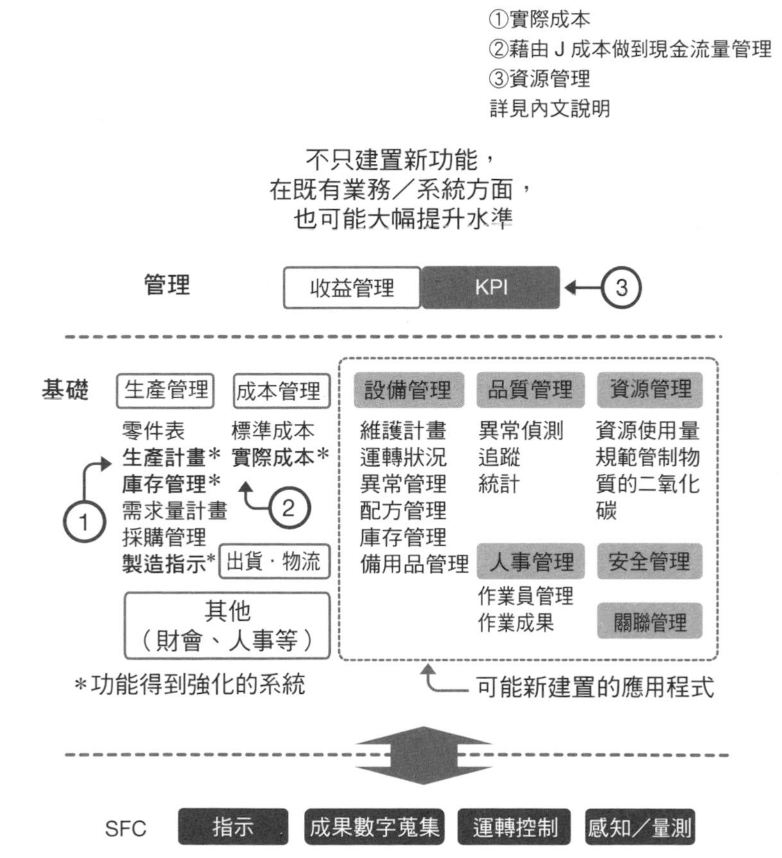

①實際成本
②藉由 J 成本做到現金流量管理
③資源管理
詳見內文說明

不只建置新功能，
在既有業務／系統方面，
也可能大幅提升水準

管理　　收益管理　　KPI　←③

基礎　生產管理　成本管理　　設備管理　品質管理　資源管理

零件表　　標準成本　　維護計畫　異常偵測　資源使用量
生產計畫*　實際成本*　運轉狀況　追蹤　　規範管制物
庫存管理*　　　　　　異常管理　統計　　質的二氧化
需求量計畫　②　　　　配方管理　　　　　碳
採購管理　　　　　　　庫存管理
製造指示*　出貨‧物流　備用品管理　人事管理　安全管理

①　　　　　　　　　　　　　　作業員管理
　　　其他　　　　　　　　　　作業成果　關聯管理
　（財會、人事等）

*功能得到強化的系統　　　　　可能新建置的應用程式

SFC　指示　成果數字蒐集　運轉控制　感知／量測

是做不了生意的。但從現實來看，未能徹底算清楚製造成本的廠商，確實還是比較多。

無論汽車業還是家電業，去看零件供應商每個零件的價格時，會發現很多都是售價低於一日圓，或是利潤來自於以低於一日圓的幅度控管成本才得到的。在這樣的公司裏，本來就必須做好嚴謹的成本控制。

近十年來，為因應這樣的需求，開始有業者導入作業基礎成本制之類的思維。但市面上的公司，真的能夠把作業基礎成本制做到尚稱滿足地步的，可以說幾乎沒有。

這會造成什麼樣的結果呢？

業務員根據拿到的成本資訊前往客戶那裏洽談售價。雙方是以每個平均不到一日圓的單位進行價格攻防，但事實上業務員在攻防中所提出來的數字，形同完全沒有根據一樣。

假設後來以每個二十五日圓的價格簽了約。雖然公司內部告訴業務員，每個賣二十四圓是能夠賺到錢的基準，但如果實際去計算生產該產品所需要的成本，搞不好會發現，賣二十六日圓才是能賺錢的基準。管銷費用、材料費用、折舊費用等項目的分攤金額多寡，隨便就能讓成本增減兩日圓。

更慘的是，這樣的數字往往是依照標準成本設定，而非根據實際成本。追根究柢起來，產品真的是在那樣的成本下製造出來的嗎？可以說要多可疑就有多可疑。到頭來，變成只能按月或按年結算收支，才總算得以知道，到底是賺錢還是虧錢。

不是根據個別的議價結果加總計算盈虧，而是期間結束後才

知道盈虧總額；講難聽一點，這樣等於是在碰運氣而已。每一分和客戶簽訂的契約竟是賺錢還是虧錢，只有神才知道。公司對於每筆生意的判斷正確嗎？眼前看到的是不是真正的盈虧？沒有人知道。

這樣的話，實在很難在日益嚴峻的全球化競爭中勝出。大量出售自以為賺錢的產品，等到蓋子一掀開，才發現愈賣愈虧，到時候可就欲哭無淚了。

＊　＊　＊

一般來說，成本分為二大類管理，一個是在計畫的階段計算的「標準成本」，另一個是根據實際製造時所耗費的費用計算出來的「實際成本」。若能掌握實際成本，也有助於在計算標準成本時更有根據。這樣的話，標準成本就能設定得更正確，也才真的能訂出更切合實際的收益計畫。

此外，實際成本太高時，反而可以突顯出製造上的問題點，並藉由解決這些問題刪減製造成本。無論如何，正確掌握標準成本與實際成本，讓它們彼此為對方提供反饋資訊，就有可能提升控制成本的精準度。

成本又分為直接人工成本、直接材料成本等，也就是相較之下易於和製造訂單連結在一起的項目。但間接成本與煤電費等項目，並不會以製造訂單為單位分配人力、測量耗電量，因此多半都是依照銷售額或產量等數值分攤。

　　即使如此，間接成本與煤電費的金額愈大，分攤的方式正確與否，對於成本所帶來的影響也就愈大。搞不好，實際虧錢的產品，在管理上卻是賺錢；原本以為賺錢的產品，其實卻是虧錢。

　　基於這樣的原因，企業近十年左右，慢慢開始採用作業基礎成本制（ABC）。這是為了要盡可能更精確地分攤間接成本與煤電費等項目，將分攤的成本連結到每張訂單上做管理，藉以更精準地掌握實際成本。但現實中，要嘛就是很難掌握成為計算基礎的所有作業，要嘛就是需要龐大的人工小時來完成，各業者都因而耗費了不少心力。

　　那麼，智慧工廠可以如何幫我們解決這樣的問題呢？

　　我已多次強調，在智慧工廠裏，各種數據在儲存於資料庫時，連關聯性也一併儲存。只要能善加活用這一點，就能更精準計算成本。

　　例如，一般來說製造成本可粗分為「材料成本」「人工成本」「管銷費用」三大項（圖3-13）。

　　材料成本又可分為「主要材料成本」「零件採購成本」等。和管銷費用一樣，可以像圖中那樣分得更細。

　　這些成本項目又可以分為充當直接成本計算的項目，以及先求總值，再「找一個標準」分攤下去的間接成本。此時，「要找什麼標準」就是個問題了。這個標準可能是生產量，也可能是銷售額，各公司都會挑選自認為最適切的標準。但這其實是因為，

圖 3-13　解決方案之一例

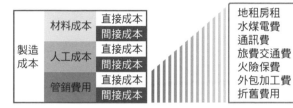

製造成本	材料成本	直接成本
		間接成本
	人工成本	直接成本
		間接成本
	管銷費用	直接成本
		間接成本

地租房租
水煤電費
通訊費
旅費交通費
火險保費
外包加工費
折舊費用

項目	分類	直接‧間接之區分
材料成本	主要材料成本	直接成本
	零件採購成本	直接成本
	間接材料成本	間接成本
	工廠消耗品成本	間接成本
	耗材型工具器具備用品成本	間接成本

直接花在製造
產品上的成本

間接花在製造
產品上的成本

過去

在工廠裡，很難把間接成本、
煤電費、折舊費用等成本項目，
明確地連結到製造訂單上，只
能「依照生產數量、銷售額之
比例等標準分攤下去」

間接成本

折舊費用　　依照銷售額比
例等標準分攤

煤電費

未來

由於可能取得各種
數據，可望更正確
掌握實際成本

提升收益管理能力

所有的間接成本項目，都還不存在一個適當的分攤標準。

　　例如，我們來看看包含在管銷費用當中的水煤電費裏的電費好了。

　　一般來說，電力公司會把簽約單位的使用總量寫在請款單上寄來，這就是電費。但只有總用電量，沒有細目。無論你有一百台還是兩百台設備，你只知道這間工廠在一個月期間的總用電量。過去，總用電量會根據產品的銷售額或生產數量等數值分攤下去。要說這是亂來，也確實真的是亂來。

　　在工廠生產的產品當中，照理說，應該有一些在製造時需要大量電力，有一些卻幾乎不耗費電力。假如在分攤電費時，把不同產品在製造時的用電量都當做一樣，那麼算出來名為製造成本的數字，是不是能代表真正的成本，實在很難說。

　　相較之下，ABC針對每個成本項目，可根據更符合實際狀況的標準分攤成本。所有間接成本，都不要用同一套標準分攤，而要針對不同成本項目，設置適切的分攤標準，再據以分攤。這樣就能更精確地掌握製造成本。

　　不過，要針對所有事物都設置適切的分攤標準，確實很難。要想分攤電費，就必須知道各產品在製造工程中用過的設備，以及所消費的電量。過去，這樣的數據並不存在。但在智慧工廠裏，就可能根據實際數字，更正確地分攤電費（圖3-14）。

　　各設備所消費的電量，綁定製造訂單後，儲存到資料庫中。據此，就能分攤當月的電費。在這種狀況下，和過去根據生產數量等標準分攤電費比起來，正確地掌握實際成本的可能性，大大

圖 3-14　解決方案之一例

	生產數量	消費電量（實際）	以生產數量為分攤基礎	以實際消費電量為分攤基礎
訂單一號 A 產品	3,000	100 度	3,000 日圓	1,000 日圓
訂單二號 B 產品	1,000	300 度	1,000 日圓	3,000 日圓

以 100 度（kWh，電力使用量）的電費為
1,000 日圓為例

分攤的電費
完全反過來

同樣地，從水費、重油費、壓
縮空氣費等煤電費，到設備的　　　更正確反映實際成本
折舊費用等項目，都可能更正
確地反映到實際成本上

的提升。

　　還不只是電費而已，針對壓縮空氣的消耗量或設備的折舊成本等項目（雖然或多或少得花一些工夫），也可能以貼近現實狀況的形式，分攤到各製造訂單中。

　　只要能掌握更正確的實際狀況，除了可以訂定適切的價格外，還能夠得知自己公司的產品成本當中，是否還有改善的餘地。此外，業務等單位在洽談價格時，也會有更確切的根據可以參考。

②藉由 J 成本論落實現金流量管理

　　製造業靠生產與銷售產品賺取收益。換句話說，若無產品，就沒有物品可銷售，也不會有收益。而生產產品的是工廠。從這角度來看，在工廠裏生產出來的產品，當然會對整個製造業的收益，帶來莫大的影響。

　　此外，對一間公司的評價，是根據結束一年間的活動後，呈現在財報上的結果而定的。具體來說，就是損益表、資產負債表等所謂的財務報表。經營者為提升自己公司的價值，會幫這些財務報表訂定目標數字，再致力於實現這些目標。

　　身為公司，為了回饋股東或為了資金調度順暢、以及減少收購風險等因素，會大聲主張要努力提升以資產報酬率ROA（Return On Assets）或股東權益報酬率（ROE，Return On Equity）為代表的目標數字。另一方面，工廠的第一線，也會進

行以改善活動為代表的那種以提升效率為目標的活動。但不可思議的是，公司卻沒有明確地把當成目標的經營數字，和第一線的改善活動連結起來。

就算在工廠的第一線把ROA之類的數字拿出來，還是很困難。這沒人能理解，而且就算知道字面意思，只要他們無法理解自己的工作會如何改變ROA，他們也就不清楚該如何出手。我可以想見，有人會認為，既然這樣，「那就把ROA落實到第一線的層次不就好了嗎？」但事實上，那已經超出財務會計所能做的界限。

現在的財務會計當中，並不存在著什麼理論，能夠把ROA等目標數字的改善，連結到第一線層次的改善活動上。具體來說，任何人固然都知道縮短製造的前置時間是重要課題，但還是難以明確計算出，縮短製造前置時間的效果何在。頂多，能得出「節省庫存成本可降低利息負擔」這樣的結論，已經算很厲害了。但這種結論，讓人不得不說「不合理地太過低估縮短製造前置時間的效果」。再者，無論哪家工廠，只要到他們的第一線去，都會看到把品管圈的活動報告之類的公布出來。裏頭往往寫的都是「原本得花四十五秒的作業，因為某活動而縮短至三十五秒。因此，創造節省多少日圓成本的效果」之類的內容。但如果要說「這樣的效果算是不錯的經營數字」，就很值得懷疑了。沒有任何方法能夠檢驗實際成效（圖3-15）。

這時新冒出來的是名為「J成本論」的思維。這是由田中正知先生所提倡的理論，他是製造大學榮譽教授暨豐田汽車前生產

圖 3-15　解決方案之一例

工廠第一線

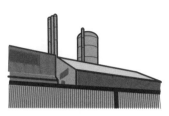

第一線的改善活動
　　工程 A 45 秒→縮短為 35 秒
　　工程 B 1 分鐘→縮短為 45 秒

這往往代表
　■ 庫存時間變長
　■ 人員不變（成本不變）

調查部部長，也是我公司的顧問（講個題外話，大家都知道，一手催生出豐田式生產的人是大野耐一先生。當時，大野先生的職位就是生產調查部部長。雖然一般人並不知道，但生產調查部的部長，可以看成是當時豐田式生產的總負責人。從這個角度來看，如果我說田中先生在製造方面的見地十分出眾，應該沒有什麼不妥吧）。

　　J成本論是一套藉由把資金投入量與其收益性之間連上關係，測量與分析第一線實力多寡的理論。具體來說，把「零件」「半成品」「完成品」等項目的成本，乘上用來保管、生產它們所使用的前置時間所得到的數字（面積），就稱為J成本。

　　理論上，這數字是可能連結到ROA等經營目標上的。這樣就能逐步把第一線層次的縮短製造前置時間等改善活動，連結到ROA等經營目標上（圖3-16）。唯有這樣，經營階層與第一線之間，才能夠以彼此都能理解的數字連結在一起（關於J成本論，請參閱「用語解說」，有進一步的詳細說明）。

　　要想計算J成本，就必須針對「零件」「半成品」「完成品」等項目，掌握住它們從何時到何時為止，處於何種狀態（「零件庫存」「製造」「工程前的等待狀態」「完成品放置處」）。

　　但既有的基礎系統，不可能把所有需要的資訊都蒐集到手。就算使用MES等系統，既無法得到充足的資訊，也不可能由人工方式捕捉資訊。因為，所需資訊的種類與數量太過龐大，而且表單往往都是一整批一起輸入的。

　　在智慧工廠裏，這些資訊只要透過網路就能蒐集到。當然，

圖 3-16　J 成本實現「可視化」

J 成本的「可視化」實現後，有鑑於工廠改善活動大幅進步，可促成現金流量最大化

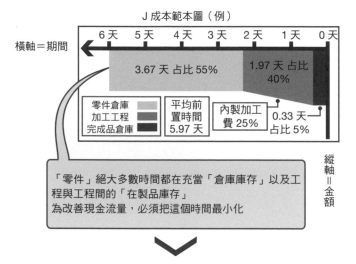

J 成本範本圖（例）

橫軸＝期間

6天　5天　4天　3天　2天　1天　0天

3.67 天 占比 55%　　1.97 天 占比 40%

零件倉庫
加工工程
完成品倉庫

平均前置時間 5.97 天

內製加工費 25%

0.33 天 占比 5%

縱軸＝金額

「零件」絕大多數時間都在充當「倉庫庫存」以及工程與工程間的「在製品庫存」
為改善現金流量，必須把這個時間最小化

從零件搬入工廠，一直到成為產品的一部分出貨給客戶為止的時間，理論上可以測量，但實際上是很困難的。

在次世代工廠裡，「可視化」能夠讓改善活動的焦點集中在「現金流量」上

注：豐田式生產的兩大支柱是「自働化」以及「及時生產」（JIT；Just In Time）。換句話說，就是一種「只要確保 Q（自働化）、向 D（JIT）邁進，C（收益性）就會跟著來」的思維。由於一直以來缺乏說明此事的理論，不時會看到一些企管顧問，只追著 C 跑，卻稱之為「豐田式生產」。二○○四年，田中正知先生發表的「J 成本論」，以新概念「J 成本」說明 C 與 D 的關係，並根據他的觀點，把縮短前置時間的改善活動，和它對經營目標的數字帶來多少影響連結起來。這麼一來，一直以來令財會人員難以理解的縮短前置時間的活動，就變成可能得到適切評價了。

要把所有資訊蒐集到手是否划算，必須看ROI判斷。要以特定產品為對象，還是以特定工程為對象？或是反過來，或許也可以探討一下，有沒有什麼設備要排除在對象外？

　　資材倉庫、零件倉庫處的前置時間，可以在ERP上取得，而且有某種程度的精確度。從庫存放置點到出庫後的部分，可以把來自MES或感測器的數據搭在一起得知。製造工程的前置時間，和等待投產的前置時間相同。成為最終產品後的庫存前置時間，就同樣從ERP取得。把以上這些全搭在一起，就能求得J成本。

　　運用求得的J成本，來做：

- 各工廠間的比較、各工程間的比較
- 各產品前置時間的最大值與最小值的比較

完成比較後，就能夠

- 找出要改善工廠收益性時的課題（或者反過來講，也可以稱之為有改善空間）

　　對製造第一線揭露J成本的數字，給予改善的目標，就能實現一直以來無法做到的，整體角度下的改善，或說與經營目標相連結下的改善。

　　此外，既有的改善活動，很難去檢驗它不只是紙上的結果而

已,而是真的改善了收益性。但使用J成本的話,就變成可以檢驗這樣的事了。除了把經營層級的目標數字與第一線的實際改善活動連結起來,還可以促使PDCA循環確實動起來。

此外,在田中先生的J成本論裏,針對的是零件的單價以及直接人事成本。但如同解決方案的例子中已經顯示的,在智慧工廠裏,攤提成本時,可以做得比過去要來得細膩。從這一點來看,假如視目的的不同,把零件單價與直接人事成本以外的成本,包括在對象裏的話,也可能帶來有意義的結果。這種事情就交給各公司自己內部去研究就好。

關於J成本論,除了工廠內部,從銷售到交貨為止的所有流程,也都可以涵蓋進來,可以期待因為對象範圍的進一步擴大,而帶來各種成效。

③資源管理

我已經多次提及,在既有的工廠裏,只能掌握到總共消費了多少電力而已,無法得知詳細的耗電內容。廠方即使有意力行減少用電的措施,也不知道該從何下手才好。就算採取了什麼措施,也無法掌握,成果是在何種因果關係下創造出來的。

即使如此,在加工組裝類的製造業所消費的能源當中,電力就占了大半。考量到這一點,減少耗電應該是優先順序極高的課題。此外,如圖3-17所示,從不同耗電項目來看,設備相關的耗電量,比其他類別壓倒性地多。

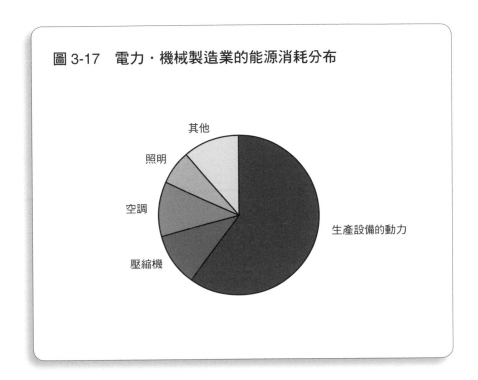

圖 3-17　電力‧機械製造業的能源消耗分布

　另一方面，在照明上的耗電其實並不多。由此可以看出，「隨手關電源」的活動，效率有多差了。當然，若從建立節能意識的角度來看，隨手關電源確實還是很有意義的。

　所謂的節能活動，可以說第一步要從「可視化」做起。而且，隨著節能措施的推動，可視化也必須做到更細膩的地步。

　只要能做到可視化，工廠內哪裏還有改善的餘地，就很清楚了。這時就看從哪裏著手可以得到最好的成效，然後訂出優先順序，採取改善的措施。此外，針對節能活動的成果，也要蒐集數據，分析成果與計畫間的落差成因，再據此訂定新節能計畫。像這樣讓所謂的PDCA循環動起來，是必要的（圖3-18）。

　以下來舉幾個例子，說明在這樣的活動中，有什麼唯有智慧工廠才能提供的解決方案。

(1) 將消費電量與製造訂單綁定

　量測消費電量這件事，只要購置電力感測器，安裝在各設備上，相較之下很容易可以做到。但這也只是在量測消費的電量而已，沒有太深的意義。

　在智慧工廠裏，可以把量測到的消費電量，綁定製造訂單一起儲存起來。這樣能掌握的就不是只有哪個設備用了多少電力而已，甚至連哪個產品在製造時用了比較多的電力，都能掌握。

　若要減少設備的耗電量，以單一設備來看，要嘛就是重新檢視設備本身的設計，要嘛就是根據手邊得到的數據，推估設備的稼動狀況，在能夠開關電源的範圍內做改善。大概僅限於這樣

圖 3-18　解決方案之一例

大家都說「節能的基本要從量測做起」，在節能活動的實例當中，以量測為關鍵字創造成果的例子也滿多的

為了推動節能，必須反覆執行這樣的 PDCA 循環：

掌握現況→找出問題→設定目標→採取對策

「可視化」事關能否找出問題

可視化之前：只能得知全工廠的能源消耗率
（生產資訊：全工廠所耗能量）

▼

不清楚改善點，無法確認改善結果

可視化之後：可得知各機械設備的能源消耗率
（生產資訊：各機械設備所耗能量）

可得知能源的無謂耗費點，可確認改善結果

「可視化」所需要的數據，會因為以下條件而不同
● 節能成熟度（成熟度愈高，就需要愈詳細的數據）
● 實施節能者的立場（愈靠近第一線，就需要愈詳細的數據）

可視化的推展

節能實施者	量測項目	量測地點	量測間隔
經營者	耗電量	全工廠	按年
▼	▼	▼	▼
工廠廠長 節能負責人	電壓、電流、功率因數	各建築	按月
▼	▼	▼	▼
第一線	溫度、濕度、壓力、流量等	各工程 各設備‧各機器	按天 按小時

近年來，趨勢已經從配合設備的更新而做大肆投資的那種由上而下式的節能，轉變為仔細找出第一線的浪費之處、並且予以革除那種重視第一線的由下而上式節能

▼

慢慢地變得較重視
「往更細微之處推動可視化」
「至今未能知悉處的可視化」

吧。

相較之下，若能與製造訂單綁定，就能把更根本的事項也列為分析的對象，像是如何設計產品，才能減少電力的消費。包括設備耗用的電力在內，可以把產品如何設計比較好的資訊回饋給技術部門。

照最近的趨勢來看，不久的將來，總有一天政府會要求，產品在生產時，必須把消費了多少能量、排放了多少二氧化碳，清楚地標示到產品的規格欄上。這麼看來，對於想要奪得競爭優勢的業者而言，現在起就先做好準備，絕對穩賺不賠。

(2)耗電量最適化的製造排程

在製造的過程中用到的設備，有各種不同的使用形態。例如，有些像生產線上的輸送帶那樣，使用的頻率很高；但有些設備則可能因產品的不同，有時候用得到，有時候用不到，或是在一天當中斷斷續續會用到。各種使用形態都有可能。

在這樣的狀況下，如何才能減少用電量？

首先，針對經常使用的設備，必須從設備的設計重新檢討起。此外，因產品的不同而用得到的設備，以及斷續會用到的設備，就要探討其使用方法。

例如，像射出成型機那樣的設備，大體上多半都會有多台成型機一起運轉，但應該很少一整天所有成型機都一直在運轉吧？也就是說，其中有幾台在某個時段可能在運轉，也可能沒在運轉。或者，也可以找出從整體來看，大多數成型機都沒在運轉的

時段。

　　但第一線的人員不會特別去意識到這樣的狀況，只是純粹在開始上班時開啟設備電源，在下班時關閉電源而已。應該多半都是像這樣有如例行公事般在操作電源的吧？

　　如果是這種狀況，採取如下的措施，可減少用電量。

1. 花心思安排會用到該設備的製造排程

● 把製造活動集中在一定時段，縮短開著電源的時間
● 控管稼動設備的數量，而不是讓所有設備全部稼動
● 若為溫度調節設備，可藉由安排製造順序以控制耗電量

2. 根據製造排程管理電源
● 逐次關閉電源（只要符合安全標準，管理部門電腦透過網路也能夠開關電源）

　　當然，一旦為了縮短設備的稼動時間而集中時段生產，J成本將會增加。由於是以減少耗電量為最優先考量，不能保證不會嚴重犧牲掉收益性。在實施的時候，要充分觀察雙方數字再推動。這一點很重要。

　　那麼，接著來思考一下電費。

(3) 減少電費

　　說到電費的收取，是以所消費電力的尖峰時段數值做為收取基本費用的基礎。換句話說，只要減少尖峰時間的電力消費，全年下來就算消費的電力一樣，電費也會變便宜。這對用電戶來說或許是有些不可思議的收費制度，但電力公司必須配合尖峰時段多準備發電設備，才會訂出這樣的收費制度。

　　因此，要想減少電費，重點在於如何控制尖峰用電，不是只追求減少總耗電量而已。

　　最近，有一種有助於控制電力消費的方便系統問世。只要電力的消費超過設定值，快到達一定時間時（也就是基本費用快要改變時）就會發出警告。

　　儘管如此，這種系統只是監看整體耗電量而已，無法成為徹頭徹尾的解決方案。這頂多能夠做到當電力消費量超出設定值時，根據預先決定好的優順序，開啟或關閉機器而已。有可能只是不斷在開開關關電源，其設計概念並非出自於想要控制尖峰用電量。

　　相較之下，智慧工廠就能夠把生產活動與所消費的電力連結在一起。只要藉此在生產排程上下工夫，就能控制全工廠在尖峰用電時的總耗電量，進而減少基本費用，也能夠減少最後的總耗電量（圖3-19）。

圖 3-19　解決方案之一例：資源消費最小化

藉由將資源消費的因果關係參數化，以追求在訂定
生產計畫時，資源消費的最小化（二氧化碳排放的
最小化）

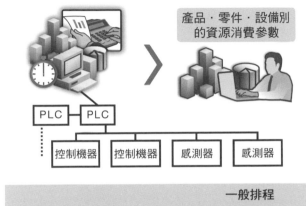

一般排程

除既有的生產排程外，再加上在
排程時把各設備的資源消費參數
也列入考量

在交期範圍內
的節能排程

與設備的控制連動

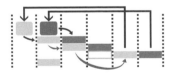

• 藉由減少尖峰用電節省電費
• 在生產排程上下工夫，減少總耗電量

第四章　實現智慧工廠的方法

【方法一】導入之前該做些什麼？

　　需要什麼才能在導入系統時得到成果？

　　進入一九九〇年代之後，經營者開始體認到，要想在全球競爭中勝出，就必須在經營中運用資訊科技。因此，各企業不約而同地導入ERP（Enterprise Resource Planning），是一種運用資訊技術進行企業資源規畫的系統。然而，當中究竟有多少企業，真正得到了當初預計得到的成效？應該有不少企業，都沒有獲得原本想要的成果吧。

　　坊間可以看到一些問卷調查結果顯示，導入ERP的企業，有五成並不滿意於其成效。雖然原因不一而足，但最典型的原因，恐怕在於「以為只要導入系統，就大功告成」吧。

　　當然不可能光是導入系統，就得到想要的結果。但為何會如此呢？沒有搞懂這件事的相關人士，出乎意料的多（當然，導入本身就失敗的案例不列入討論）。為企業導入系統的系統整合商，是否有能力，把一直到創造出成果為止的過程，都說明給用戶了解？這可以說是原因之一。此外，企業內部負責導入系統的團隊，確實原本就沒有考量過，也沒有想過，組織要如何設計才會更有效能。因此，導入的系統創造不出成果，也是無可奈何的事。

　　企業的成果不是光看系統，還得以下這幾項條件的配合，才能達成。

- 業務：業務順序、判斷標準
- 人與組織：體制、教育訓練、評鑑標準、人才
- 給與適切的目標：要具體到連第一線的現場人員也易於理解的地步

以導入庫存管理系統為例，導入時的目標應該在於降低庫存，以及提升庫存精確度吧。但就算導入的系統再怎麼新穎，要是第一線負責管理庫存的人員不懂得如何有效運用這套系統，就很難創造成果。

假設第一線其實是手寫作業，等到累積一星期的量之後才把結果輸入到系統當中，系統中的庫存精確度，當然就無法如同預期般地提升，其他部門將會覺得庫存系統不可信賴，可能到最後也造成庫存無法減少。

之所以會引發這樣的狀況，原因在於實際操作系統的人員，並沒有在以下二個項目上得到充分的說明或教育所致。

- 在全組織或所有業務流程當中，自己扮演何種角色，上面期待自己做到什麼？
- 自己的工作成果，會對什麼部門帶來什麼樣的影響？

要是操作系統的人員未能體認到自己職責的重要性，或是以為就算不使用系統，外人對自己的評價也不會有什麼不同，那系

統當然不可能順利發揮作用。

這種時候，系統管理人員往往會向主管報告：

「好不容易把系統建起來的，卻因為用戶部門的能力不足，導致創造不出成果。」

相對的，用戶部門的人員也會不滿地表示：

「都沒有人對我們做充分的說明，而且不是應該系統一上線，工作就會變輕鬆嗎？現在卻完全沒變輕鬆。」

原因可以說就在於，誤以為只要靠系統，一切就會搞定。

導入ERP的目的，很多時候都在於改善現金流量，或是減少庫存。但看在基層用戶眼中，會產生困擾：

「改善全公司的現金流量之類的事，和我一點關係也沒有。說起來，我們連現金流量這個字都不是很懂。我根本不清楚自己該怎麼做才好。不但突然導入一個系統硬塞給我們用，現在還質問我們為什麼不用系統創造成果，這我哪知道啊？」

在這種狀況下，不可能得到原本預期的成效。

不過，現金流量並非管理部門把憑空想出來的數字列到財務報表上，而是把在第一線發生的事所累積起來的結果，以數字呈現出來。要想在改善現金流量上創造成果，第一線的人員就必須朝著既定的方向努力，透過工作把成果創造出來。

為此，必須預先做好準備，讓大家能夠照著組織的目標走。一方面，在第一線人員的教育訓練等系統以外的事項上，也要給予充分的關注；另一方面，除了讓各相關部門好好理解導入系統的目的外，在推動系統的時候，也要注意到與日常業務之間的充

分整合。

　　我會在第四章說明，在導入智慧工廠時，要想達成目的、得到確切成效，需要注重哪些事項，以及具體的實施內容。

如何設定目標？

　　在開始做一件事時，最重要的是什麼？

　　就是決定目的或目標。尤其是在推動專案之類的計畫時，這一點更形重要。最魯莽的做法莫過於，連自己該朝哪裏走都不知道，就衝動跨出步伐。因為，你怎麼知道不會這一步是完全相反的方向？

　　在推動事情時，第二重要的是決定優先順序。由於資源往往有限，一旦投入的資源，多過於在商業中能夠得到的報酬，企業就難以為繼。必須在充分考量投資與報酬之下，決定優先順序。

　　在資源有限下，考量要選擇優先做什麼時，要是有明確的目的或目標，就能毫不猶豫地決定優先順序。一旦缺乏目的或目標，優先順序會變成取決於相關人士自己的想法或是利害關係，不然就是講話大聲的人將一己之見強行闖關。

　　此外，專案的規模愈大，個別的作業量也會變得愈大，變得愈難掌控整體狀況。這麼一來，手段可能會變成目的。面對這樣的情形，為了能夠停下腳步回歸初衷，預先訂好明確的目的或目標，也很重要。一旦決定好目的或目標，就要馬上開始衡量達成

的狀況，並且要大家一起共享這樣的資訊，才是讓專案成功的訣竅（這個部分後面會再探討）。

在推動智慧工廠時也是一樣，必須訂出明確的目的或目標。智慧工廠固然有多種可能性，但很難一口氣就全部實現。因此必須預先思考、預先決定好，對自己公司來說，今後會需要的是什麼，優先順位最高的是什麼等。

這時，希望各位注意一下，智慧工廠和一般專案之間，存在著一些相異之處。主要是以下兩點：

- 由於也包括基礎架構方面的條件在內，因此不要看得太短期，也要把長期觀點納入考量，再從中決定短期的目的或目標，這點很重要。

- 智慧工廠的具體樣貌，有它不易想像的面向存在。其中，「跨部門」的部分尤其如此。此外，也很難根據過去的例子，推估出適切的目標與費用。因此，實際推動智慧工廠時，除了相關部門要共享自己的想像外，我建議最好能有先導的試驗性專案，藉以推估可實際期待的成效，以及所需要的費用。

【方法二】如何引發變化？

引發變化的重點

如前所述，企業的經營成果，不是只靠系統就能得到的。而是各種要素融合在一起，最後才以數字呈現出其結果。

在比較不同公司之間的成績時，就算身處同一市場，一樣會看到有些公司有成果，有些公司沒成果。究竟是什麼造成了二者之間的差異？在思考這樣的問題時，我想沒有人會回答「因為二者的資訊系統不同」。大家都會覺得，雙方的差異是因為各自的策略、人才、各種的制度、評鑑系統等諸多因素揉合在一起才造成的。

既然如此，當公司設定新的目的或目標，試圖予以實現時，就不能只考量系統了。應該當成是在設計一家新公司一樣，從人的層面（人才、教育、評鑑制度、薪酬制度、組織及其功能）、業務的層面（業務流程、判斷標準）、系統、策略等不同角度，做通盤的考量。

一般來說，一般員工不太會有機會考量公司的人事制度與組織。有這個機會的，要嘛就是人事部或經營企畫部的員工，要嘛就是擔任要職。

也就是說，一般員工面對新的目的或目標時，不懂得從人事制度或組織的角度去思考，也是理所當然的。假如碰到的是「公

司需要跨部門組織」的情形，他們就更無法想像了。那樣的考量
角度，等同於企業高層的考量角度。事實上也正是企業的經營階
層，最應該理解這一點。

假如以為，只要訂出專案、分派員工就會有成果，那就大錯
特錯。除了必須關注各種不同角度，好引領員工創造出成果外，
還要賦與他們權限，並打造一個讓員工能夠行使權限的環境，這
是經營階層應該扮演的角色。

在推動智慧工廠時，一般來說會需要如下的要素：

（一）在人與組織方面
　　①組織體制
　　②評鑑制度
　　③教育

（二）在業務方面
　　①業務順序
　　②判斷標準
　　③業務改善

（三）在管理方面
　　①打造溝通系統
　　②設定與監控KPI

那麼，以下就分別詳細探討各項要素。

（一）在人與組織方面

工作是由人在執行的，不是由系統在執行的。系統不可能涵蓋工作的所有層面，還是有許多系統涵不到的部分。

而且，系統不過是用於達成目的的工具。因此，為了把系統涵蓋不到的部分也涵蓋到，有效地活用只是工具的系統到最大限度，就必須充分探討該如何運用企業最珍貴的資產「人」，並採取必要的措施。

①組織體制

只要是公司的經營幹部，應該都聽過「組織要照著策略行事」這句話吧。必須設計出足以實現策略的組織功能，進而也必須設計出足以提供這些功能的組織。反過來說，無論想擬定什麼樣的策略，一旦缺乏適於執行該策略的組織，那就只是紙上談兵而已。必須設計好組織，設計好各部門的功能，並將負責不同功能的人選明確化。在推動智慧工廠時，有兩件事必須注意。

其一，必須針對希望藉由智慧工廠實現的「目的」設計組織。

假設推動智慧工廠是為了二氧化碳減量，就必須把組織設計

得易於做到這件事。具體來說，應該徹底研究在哪些環節會產生二氧化碳，明確讓相關單位都負起各自的責任。此外，要是必須負責的部門太多，或許應該另外設立一個統整的組織，來整合不同部門。還有，理所當然的是，在高階幹部的層級，也必須釐清由誰負責，並清楚決定要賦與相關部門什麼樣的權限。

其二，為了協助推動智慧工廠這種基礎架構運作，同樣必須設計組織。

在智慧工廠裏，從工廠溫度感測器等設備，一直到基礎系統，全都連成一個網路。但如前所述，其間存在著組織的隔閡。一直以來，基礎系統由資訊系統部管，工廠設備由生產技術部或設備管理部門等單位負責設計、導入，以及維修與維護。

在既有的企業裏，雙方之間，平常幾乎沒有業務上的往來。真的要說的話，頂多就是生產技術部門等單位，在採購系統中調度所使用的電腦、設備等物品時，資訊系統部會提供給他們資訊系統這樣的服務而已。雙方之間並不會在共同的目標下彼此合作、相互提供服務。

此外，所需要的知識也是一樣，雙方幾乎沒有共通之處。資訊系統部所經手的系統知識，以及生產技術部所經手的系統知識，或許在基本要素上有一些相同處，但是就業務角度來說，幾乎沒有重疊。

但在推動智慧工廠時，至少，這兩個部門，必須要在某種目的下彼此合作。要想在合作的過程中實現整體最適，雙方就必須配合對方的步調，或是在合作中逐步找到彼此都適用的新做法。

　　若還維持既有的組織運作方式，十之八九不可能實現智慧工廠。因為，組織裏的各個部門，都會以自己的工作為優先，以求最大限度發揮本身的功能。假如配合其他部門的做法，將會導致自己部門的利益減少。為避開不同部門間的這種利害關係上的衝突、實現「推動智慧工廠」這個目的，組織裏與智慧工廠相關的部分，必須重新予以設計。

　　具體的設計內容會因為不同公司的實際情形而有所不同，因此並無適用於所有公司的「標準答案」。不過，若只論手法，可以考慮的是「建立新部門、整合不同功能」「把彼此相關的功能集中到幾個部門去」「建立矩陣式組織」「促進不同部門間人才交流的活絡化，以化解僵局」等方式。

　　無論採取何種方式，唯有一件事是可以確定的：假如維持既有的組織架構不調整，不可能會成功。

②評鑑制度

　　接著需要的是「評鑑」。人愈是受到稱讚就愈進步，無人稱讚就愈來愈意興闌珊，這是人之常情。即使一件事命題正確，要是沒有伴隨著應有的讚許，員工未必會三兩下就答應去做。

　　說起來，所謂的評鑑制度，是一套讓公司把對於個別員工的期望明確化、並在事後給予回饋的系統。要是公司的期許改變，評鑑的項目可以說當然就必須改變。

　　講個題外話。據說在第一次波灣戰爭時，美軍的陸海空各

軍，各自都為了立下戰功，而英勇奮戰。但由於各軍並未彼此合作互助，導致戰役一再失敗。高層對此看不下去，據說在幹部的評鑑制度中增列了「與他軍的合作程度」這個項目。

在導入智慧工廠時，為得到確切的成果，也必須變更相關各部門的評鑑項目。

例如，既有的生產技術部門一向重視的是機器設備生產出來的產品之品質，以及製造第一線的生產力、安全性等事項。相較之下，可以說並未要求二氧化碳減量，或是必須掌握實際成本等事項。其結果是，在生產技術部門，對於品質與生產力的重視，可以說已經到了「大家所共享的組織文化」的層次了。在給予員工回饋時，也自然而然地變成「只要在品質與生產力方面沒有做出成果，就不給予好評」。

今後，在推動二氧化碳減量（減碳），或是基礎系統網路化等事項時，必須設法在組織文化中，把這些事項的重要性融合進去。公司的高層不能只是大聲疾呼，也必須透過評鑑項目的調整，促使負責的人員調整思維。如此才能打破組織內的既定想法，引進新觀點。

各部門也必須定義出自己在二氧化碳減量這個活動中所扮演的角色，據此安排評鑑項目，並訂出目標數值，一方面透過定期評鑑提升行動與目標之契合度，另一方面也藉此逐步激勵員工的工作動機。

③教育

　　在和人與組織相關的事項上，最後需要的是「教育」。透過教育，可以讓人們產生莫大的改變。

　　之前在庫存管理系統的例子那裏也提到過，要是原本對於自己的負責的業務就不具備充分的知識，將很難扮演好上面期待的角色。假如只是員工十人上下的小公司，角色的分配相當清楚，或許自己就能體認到自己扮演的角色，但組織一旦到達某種規模以上，真正能掌握組織整體動向的人，可就很少了。

　　除了純粹的作業內容外，假如不清楚自己的工作在全公司處於何種定位，或是不清楚自己的工作結果會對後面銜接的工作造成何種影響，就很難有成效地完成工作。很可能自己覺得做得很好的事，從後面銜接的工程來看，卻是很大的困擾；也可能反過來，不怎麼起眼的一點作業，卻在後面大幅促進了銜接的工程之效率。

　　在公司裏推動新事物時，各部門必須施以員工的教育有二。

　　其一是針對「為了達成目標而產生變動的業務」所做的教育。例如，「各相關部門的業務，將因而出現何種改變，或是追加了什麼新業務？」或者是「該業務項目之所以產生變動的原因、目的，以及在整體業務當中的定位」等。得知這些事項後，負責的人員才能知道上頭對自己的要求是什麼，也才能更有效率地執行業務，或是促使整體業務成果的最佳化。

　　其二是，針對「為達成目的，因而需要增加的新業務」所做

的教育。有新業務的需求，就會產生對於取得新知識的需求。若想推動智慧工廠，這樣的教育是不可或缺的。

例如，假如推動智慧工廠的目的在於「更正確地掌握實際成本」好了。這時，會需要施以與以下事項有關的教育：

- 追根究柢，所謂的實際成本是什麼？
- 掌握實際成本可帶來何種好處？
- 公司對各部門的相關要求何在？
- 應如何調整業務與系統？

此外，在生產技術部門等單位，除了業務內容外，還必須了解過去不懂也無妨的「與現場網路、控制器網路等領域相關的標準化技術趨勢」，並學會「處理這些事項所需要的技術」。

尤其是在開放化方面，假如把某一系統完全交給一家供應商提供，就享受不到開放化的好處了，因此不能夠完全交給供應商統籌。在公司自己的主導下向建構系統的供應商下指示，以及把不同廠商的產品組合起來，以打造高效率系統，也就變得重要起來。

這麼一來，就必須具備在出問題時查明原因、予以修復的能力。

一旦交給特定供應商代勞，就由該供應商負全責，對方可以即時排除問題。但挑選多家供應商的產品組成系統時，一直到釐清問題所在為止，責任的歸屬都會變得很不清不楚。各供應商除

非確知錯在自己，不然碰到問題時，不會主動想要解決，也不會
協助究明原因吧。用戶變成必須自行查明原因。由於這是層次頗
高的要求，必須針對負責人員徹底做好教育。

* * *

再講件有點離題的事。我希望在這裏談一下在歐美不時會用
到的「變革管理」這種手法。它是一種「在出現某種變化時，力
求讓事情能夠順利運作」的手法。多數人都不喜歡變化，也往往
對變革抱持著抗拒的心態。而變革管理這種手法的用意，就在於
透過心理學上的技術，把這樣的抗拒降到最低。

雖然和一直以來提到的「教育」在意義上略有不同，但因為
變革管理是日本人所不擅長的領域，我就稍微花點篇幅介紹一
番。

首先，要說明名為「變革接受曲線」（Change Acceptance
Curve）的手法。

所的變革接受曲線，功用在於說明人在接受變化時的不同階
段（圖4-1）。人大致上對於比較大的變革會產生抗拒反應，但
最後還是會接受這樣的變化。為了將接受變化的各個心理階段明
確化，進而促使整個過程更為平順，有人才想出了這樣的方式。

一共可分為五個階段：

(A)不知道變化：處於尚不清楚即將到來的變化的階段

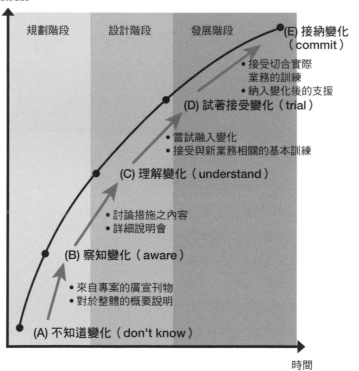

圖 4-1　變革接受曲線

對於變化的接受程度，分為五個階段。為了讓主要相關人員在專案結束時到達「接納」的層次，必須雙管齊下，一方面要分析所面臨的課題以及有計畫地採行各種措施，另一方面也要同時推動各種與變化相關的活動

接受度

規劃階段　　設計階段　　發展階段

(E) 接納變化（commit）

• 接受切合實際業務的訓練
• 納入變化後的支援

(D) 試著接受變化（trial）

• 嘗試融入變化
• 接受與新業務相關的基本訓練

(C) 理解變化（understand）

• 討論措施之內容
• 詳細說明會

(B) 察知變化（aware）

• 來自專案的廣宣刊物
• 對於整體的概要說明

(A) 不知道變化（don't know）

時間

(B) 察知變化：已經得知自身相關變化的階段

在這個階段，沒必要具體告知變化的內容。只要先讓他們知道「發生了變化」就好。因為，多數人抗拒的不是變化的內容，而是變化這件事本身。就算告知變化的內容，由於他們尚未做好準備，是聽不進去的。只要放著不管，他們自己會開始有意識地進入下一個階段，自己就會想要得知變化的內容。

(C) 理解變化：已接受發生變化並且正在要理解其內容的階段

在這個階段，充分告知變化的內容是很重要的。此外，不要只是單方面告知，也要設置回答問題的時間，讓他們能有更確切的理解。

(D) 試著接受變化

在已經充分理解變化的階段，只要給予時間，他們就會針對自己的業務將逐漸出現何種改變，開始出現各種想法。為使他們更加理解，應設置回答問題的時間，或是找他們討論變化的具體步驟，並提供訓練，讓他們學會最後必須用到的技能。

(E) 接納變化

實際發生變化後，會碰到「與原本的想像有出入」「出現意料外的問題」等狀況。應針對這樣的狀況提供支援，最後讓變化逐步成為日常景況。

　　以上就是變革接受曲線的五個階段。這裏重要的是，不同階段都要提供適切的資訊。反過來說，非必要的事就不讓他們知道，先讓他們確切進入下一個階段。

　　要是在各階段未提供必要資訊，或是把應該在下一階段才提供的資訊提前告知，他們會難以消化，而變得不滿或不安。

　　這套手法乍看之下理所當然，卻出乎意料，很少企業能夠紮實地做到。要是疏於做好這樣的變革管理，他們對於專案將更為反感，可能會有礙於創造成果。

　　希望各位務必要參考一下這套做法。

（二）在業務方面

　　在把帶有某種目的之工作流程視為業務流程時，該業務流程可分為「涉及系統」以及「不涉及系統」兩個部分。無論你想打造的系統多麼出色，針對不涉及系統的部分，假如未能做好妥善的設計，業務流程將無法發揮功能，也無法創造出原本想要的成果。

　　這聽起來或許理所當然，但由於系統是大家比較容易看到的，假如眼光只一直注意系統，就容易疏於注意「系統以外的部分」，這一點大家應該多加小心。

　　此外，在設計新業務流程之類的狀況下，切記不可把既有規則當成設計的基礎。首先，要以「設計出最理想的流程」為第一

要務，一切必須從零重新設計起。這件事做起來並不像光用嘴巴說說那麼輕鬆，但還是希望各位切莫受制於過去的習慣與常識，要採納大膽的想法，創造可觀的成果。

那麼，以下就以三大重點為中心分別做說明。

①業務順序

若把系統的建構全都交給系統整合商處理，就會冒出一些用於記述「業務流程」「系統流程」等工作流程的文件。仔細去看這些文件，會發現有很多都只是從「運用系統、執行業務」的角度撰寫的而已。這意味著，針對「不涉及系統的部分」所做的記述，往往不夠充分。如此一來，將無法期待業務能夠順利執行。

在推動智慧工廠時，各部門會需要一些過去沒有的新業務流程。針對這些業務流程，也必須事先做好妥善的設計。

我們以二氧化碳減量為例。在既有的組織裏，沒人負責測定過二氧化碳排放量，也沒人推動過二氧化碳減量的措施。這意味著，出現了原本並不存在的業務流程。

因此，在初期階段，會需要像以下這樣一系列的業務。

- 掌握與分析現況
- 針對課題擬定對策、付諸實行
- 掌握對策的施行結果，給予回饋意見

此外，針對例行公事之類的作業，也應該重新檢視。當導入新設備、變更工程或推出新產品時，會變得需要以下這樣的業務設計。

- 預測資源消費量
- 在設計設備、工程以及作業順序時，要考量到讓資源消費量最小化
- 把基本資料輸入到相關系統中

希望各位注意的是，業務本身可能因為一些原因而消滅，像是一些暫時性的業務、必須仰賴負責的人員個人手腕的業務，或是人事異動等。為避免諸如此類的情形發生，除了要把作業順序明文化之外，還必須視之為正式範本，維護下去。

「可視化」是智慧工廠的一大好處，管理部門可以藉此更「即時」地掌握現場資訊。但若想充分活用第一線資訊的好處，就必須把過去採批次處理的業務流程，改為第一時間及時處理。

在設備或檢查結果出現問題時，管理部門必須迅速因應。假如明明掌握了狀況，卻完全不採取任何因應措施，可就教人搞不懂，為何要實現「即時」的「可視化」了。

上一個工程發生延遲時，要嘛就是看能否提前執行下一個工程，要嘛就是馬上重新排程（包括下達其他製造指示在內）。在設計業務時，要像這樣採取積極的攻勢，而不是只採取消極的守勢。假如明知工程有所延遲，卻一直等到下一次生產排程時（或

者，下星期一之類的）才處理，這種工作方式是絕對要不得的。

②判斷標準

　　在執行業務時，需要各種規則。產品或設備的設計，固然是由各別的負責人員來做，但他們並非僅憑自己的想法設計，而是遵照設計標準在設計的。這些設計上的規則背後，存在著各種不同的理由。可能是過去設計的過程出了什麼問題，為避免問題再次發生而做；可能是受制於生產條件，原因不一而足。無論如何，毫無疑問都是為了提升組織的生產力。若不存在這樣的標準，那麼無論整體最適化，或是可提高生產力的反饋迴路，都將無法發揮作用。

　　此外，工廠等單位的經營也是，在做什麼判斷時，往往需要準備各種標準。例如，設備的維護是要定期做，不定期做，還是在出現什麼徵兆時才做？類似這樣的狀況。在業務流程中，這些標準固然理所當然，但多半沒有明文化。大多數狀況下，都只寫上「判斷」之類的字眼而已。但不消說，缺乏明確的標準，業務就無法運作。

　　在導入智慧工廠時也是，必須準備好各種判斷標準。例如，為求減少電力消費，應該會需要下面這樣的多個標準。

- 設備的設計標準
- 在運用設備時，與電源的開／關相關的規定

- 把消費電力、前置時間、生產力等因素考量在內的生產
  排程規定

要推動智慧工廠,最源頭就是設備等介面必須要標準化。然而,製造業在設備與設備間以及和基礎系統之間實現網路化的標準,目前形同完全沒有訂定。

必須一條一條把這樣的規則訂出來,參考回饋而來的意見,逐步把內容調整得更有成效,這樣就可能在高水準下實現目標了。

③業務改善

為達成目的或目標,固然會導入一些新業務流程或新系統。但如前所述,基本上最好都從零開始構思起。若受制於既有業務,將在追求新目的、新目標時,受到各種的制約。

因此,在導入新業務流程或新系統時,就連既有業務,也有各種改善的必要。有時候,就連一些已經成為常識的事物或觀念,都必須著手調整。

在導入智慧工廠時也一樣,有許多業務都有改善的必要。另外,也不要忘了,不是只由一個部門來做而已,所有相關部門必須跨部門做到充分的討論與合作。

（三）在管理方面

除了系統、業務、人與組織之外，也不能忘記管理系統。其功能在於，藉由適切地推動打造好的業務流程（包括系統在內），確切地創造出成效。

如前所述，必須要讓與業務、人、組織相關的都能夠切實運作。為了不讓它們彼此之間產生衝突，必須慢慢安排出一個讓他們全都能朝著同一方向並進的情境。

管理團隊的工作，很少是能夠事前就規定好的。但至少要事先明確地做到以下二件事情：

①打造溝通系統
②設定與監控KPI

那麼，就來詳細探討一下。

①打造溝通系統

在推動業務時，必須與相關部門及人員做好充分的溝通。現在由於常使用電子郵件等工具，面對面的溝通固然有減少的傾向，但實際碰面還是很重要的。因為，所謂的溝通不是只有文字而已，而是在諸多要素配合下才成立的。

相關人員定期聚會，確認彼此的狀況，是有意義的。尤其是在出了什麼問題的情形下，碰頭可以即時掌握問題、共享問題，

藉以讓全公司上下一起因應問題。

　　不消說，會議有各種不同的目的以及形態。有些定期召開，有些不定期。還有，有些是為了傳達事情而開，有些是為了討論事情而開；有些是由上而下召開，有些是由下而上召開。

　　因此在舉辦會議時，要注意視其目的與形態的不同，採取適切的方式進行。

②設定與監控KPI

　　如前所述，KPI是經營事業時的重要指標。經營幹部在做管理工作時，必須經常關注著KPI。

　　假如已有既定的KPI，那麼必須變更或增加一些KPI，以讓智慧工廠實現其導入目的。假如原本並無既定的KPI，那就必須先從整理KPI體系開始做起。

　　若希望透過減少庫存、縮短製造前置時間來達成現金流量的改善，那麼光看各財務報表上的數字，很難稱得上已經足夠，也不足以促成什麼事發生。KPI的設定必須拆解到部門主管與負責人員都懂的層級才行。

　　如同我在解決方案的部分提到的，在智慧工廠裏，要計算J成本這種第一線層級的指標，是有可能的。只要把它定義為各部門、各負責人員的KPI，那麼在現金流量這件事情上，就能定義出從經營團隊的階層到第一線負責人員的階層為止，都具有一致性的KPI了。這也會促使管理系統更容易發揮功能。

　　此外，我也已經說過，KPI不是只能當成得知結果用的指標而已。只要事前把對結果可能造成影響的因素數值化，定義為KPI，再透過持續不斷地掌控其數值，就能事先採取對策，阻止結果更加惡化。若從這樣的角度來看現金流量的改善一事，各工程中的製造前置時間等，就是一種KPI了。只要能縮短製造前置時間，既能減少庫存，也可以縮短從採購零件到回收貨款為止的前置時間，等於實際改善了現金流量。當然，為了確保這樣的現象並非只是因為工程與工程間累積了許多半成品，必須把幾個關鍵點的庫存量也定義為KPI，同步予以監控。

　　拿再多財務報表來看上面的現金流量指標、討論再多這些指標的好壞，對於第一線或對於結果來說，都不會帶來任何改變。

【方法三】如何導入？

漸進式導入

在此想探討一下在導入智慧工廠時，幾種可選擇的不同手法。

要一口氣導入智慧工廠是很難的。假如工廠是現在才要開始蓋，或許還有可能一口氣導入。但既有的工廠裏已經設置了各種系統與機器，而且這些機器絕大多數都不是使用標準界面，所以很難。在這種狀況下，一口氣換掉所有機器，會讓成本和風險都增加，別說是好處了，還可能會帶來壞處。

既然這樣，那就限定從某些角度切入，導入智慧工廠，也就行了。例如，設想好「在特定廠房或特定區塊實施」「針對與成為智慧工廠設置對象的產品群相關的部分」「針對想實現的功能（像是減少耗電量、作業基礎成本制等）所需要的部分」等切入角度，在訂好優先順序後，採取漸進式地逐步導入的做法，應該是很適切的。

假如像過去那樣，系統是由各供應商運用自己的技術打造起來的話，每當技術進步，而必須追加什麼或修改什麼時，往往會伴隨著多餘的成本負擔。相較之下，在智慧工廠裏，由於系統是以標準介面為基底建立起來的，不會再產生多餘的負擔，要追加或修改什麼會變得很容易。

如前所述，在推動智慧工廠時，一大好處在於，「能夠以最適切的價格取得最新技術」這樣的優點。看重此一優點的工廠，與不看重此一優點的工廠，未來在設備投資的負擔金額上，可能會天差地遠。必須秉持的不是等待的態度，而是不斷往前進的態度。

廠方應該徹底找到可能的切入角度、積極推動智慧工廠。這個決定下得愈晚，採用舊式介面的新設備就會愈積愈多。講極端一點，要等到最晚導入的舊介面設備更換為標準介面後，才真的算是做到了開放化。

無論如何，針對既有的機器，先從可能的部分開始逐步更換起，並同時讓新的機器都走標準化，才是正確的做法。

先導計畫之檢驗

實際導入智慧工廠時，要在一開始就明確決定其目標與預算，出乎意料的難。雖然很確定可以帶來各種好處，但因為企業與製造第一線的不同，產生的好處也會大不相同。再說，也可以想見會產生各種副加效果。手邊若有為了其他目的而儲存的數據，也很可能帶來意想不到的好處。

這種時候，我建議用先導模型預做檢驗。在公司的工廠裏挑選出今後可能會變得重要的產品生產線，仔細地研究可能透過智慧工廠實現些什麼，以及需要多少程度的投資。

接著，再參照初步研究的結果，規畫未來要以什麼樣的形式（目的、成為智慧工廠實施對象的生產線與設備、時程表、投資規模等）推動智慧工廠的計畫。由於是根據實際檢驗得到的結果才擬定的計畫，不只是紙上談兵而已，因此可以大幅提高計畫的成功率。

處理業務改革的課題

在根據先導模型的研究結果，擬定推動智慧工廠的計畫時，為達成預期目的，有些業務改革是必須做的。除了眼前的課題外，針對未來在推動各種改革時可能出現的阻礙，以及在任何狀況下都必須實施的事項，都應該在事前做好充分的探討。而且還要某種程度上放大視野，把距離拉遠，觀察整體的每一個角落，挑出問題點，這是很重要的。千萬別受限於眼前的狹隘視野，否則未來有可能碰到必須大規模重新建置的情形。

不光是智慧工廠的計畫如此，只要是規模達某種程度以上的計畫，可以說都必然需要這樣。凡事在其基底的部分或基礎架構的部分，都潛藏著許多課題。這些課題可能因為一直以來都沒人處理，因此沒有浮上檯面，但是卻已經任誰都隱約察覺到其存在。

例如，各設備的編號（識別號碼）問題就是。由於這樣的問題太過於基本，恐怕沒有任何一家公司把它當成是問題吧。智慧

工廠由於可以利用來自各設備的資料，在這些資料當中，當然必須包括「資料來自於哪裏」這樣的資料。也就是說，針對成為智慧工廠實施對象的設備，都必須給與一個固定的辨識號碼。

　　究竟有多少公司，已經針對全公司的設備編號做統一的管理呢？要是在推計畫時，抱持的心態是「要考量到全公司的所有設備太麻煩，就先以智慧工廠涉及的對象為考量範圍就好」，那麼未來遲早會撞上厚厚的一堵牆，這是不言而喻的。

　　由於現在要動手改革的是一直以來都沒人管理也沒人統一整頓的部分，對於可能會抖出多少塵埃，要做好心理準備。

　　面對這樣的狀況，管理階層的成員必須做的是，從整體的長期觀點主導計畫。參與計畫的成員要是碰到前面提過的那種問題，可能會因為涉及的相關單位之多，以及影響範圍之大而感到震驚，不由得傾向於選擇走上比較輕鬆的道路。這種時候，管理階層就必須幫忙調整，讓計畫回到從長遠的角度行事的方向上。

　　設備編號的統一這樣的問題，應該沒有人會想到要去處理吧。但根據我的經驗，愈是像這樣的基本課題，在解決之後愈可能獲得難以估算的好處。此外，有人可能會覺得，對於這種長年沒有處理掉的問題，現在先丟著不管沒關係，未來會變得比較好解決。但我要說，那是完全不可能的。反倒是可能因為塵埃愈積愈多，而讓問題隨著時間的過去，變得愈來愈難解決。我建議各位鼓起勇氣，動手把問題解決掉，因為背後有著美好的果實在等著你。

代後記

身為作者，各位若能在閱讀本書後，或多或少感受到一點智慧工廠的可能性，我會非常開心。也但願本書能在日本製造業在全球面對日益白熱化的競爭時，協助他們提踏實地提升業績。

我要在此對惠賜本書出版機會的英治出版社長原田英治、出版製作人山下智也先生、協助編輯工作的Gaia Operations公司的和田文夫先生、協助我寫書的中西由美子女士，以及敝公司Aimnext的山下大介、平山知弘、城戶敦譽、金慈惠，乃至於提供支援的諸多先生女士，表達我的感謝之意。若是沒有各位，我確信這本書將永遠不可能付梓。

此外，敝公司Aimnext設有展示中心，好讓外界親身感受什麼是智慧工廠。我們希望讓各位親眼看看，透過PLC從設置於模擬生產線上的各式感測器處取得數據，再和MES、ERP連線後，能夠做些什麼。在我們的展示中心裏，可以透過模擬生產線，理解與實際感受到本書中所舉的解決方案，像是：

- 能源消費管理
- 品質相關資訊管理
- 利用J成本的現金流量管理等

正如「百聞不如一見」這句話，到訪的貴客們個個都為之眼界大開，還向我們提出各種問題，並了解相關新概念的可能性。

展示中心（如照片所示），敝公司暫時會繼續經營下去，除了希望讓更多朋友了解到智慧工廠的可能性外，我們也準備從到訪的貴客那裏吸收新想法，繼續推動各種的實證實驗、發展新的解決方案。

看過本書後對智慧工廠產生興趣的朋友，歡迎您與我們聯絡。詳情請洽敝公司官網。

二〇一〇年六月　Aimnext創辦人兼董事長　清威人
http://www.aimnext.co.jp

名詞解說

現場機器

　「現場機器」是工廠（現場）用於生產產品的機器之總稱。基本上包括用於檢測狀況的「感測器」、用於移動物品的「致動器」，以及控制這些物品的「可程式控制器（PLC，以下簡稱為控制器）」。若以人類來比喻的話，眼睛與耳朵是感測器，四肢是致動器，大腦是控制器（圖5-1）。

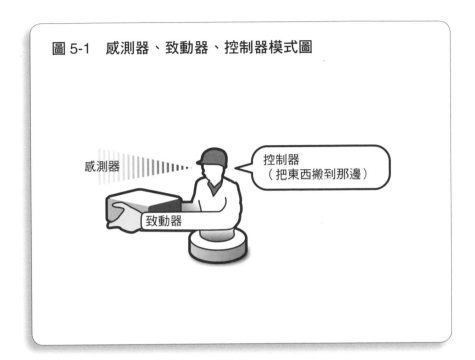

圖 5-1　感測器、致動器、控制器模式圖

PLC

　「PLC」是Programmable Logic Controller（可程式控制器）的縮寫，它是用於控制現場機器、相當於「大腦」的機器。常有「順序器」（sequencer）之稱。

　　PLC會根據來自感測器與致動器的訊號，控制動作的「順序」（sequence）（圖5-2）。控制時所需要的演算，由電腦的中央處理器（CPU）執行。此外也會有用於和感測器、致動器連接的輸入輸出功能。可分為「CPU與輸入輸出成為一體的套裝式」以及「把CPU單元、用於和機器連接的輸入輸出輸出單元、用於和電腦互通有無的通訊單元組合起來使用的建置式」兩種（圖5-3）。在工廠裏，通常設置在控制盤裏（圖5-4）。

　　PLC的程式很容易改寫，當工廠內因為機器的替換導致作業順序發生變化時，可以有彈性地因應。

　　第一線的作業人員，會透過名為人機介面（HMI，Human Machine Interface）的觸控面板操作PLC（圖5-5）。

圖 5-2　順序器的控制流程

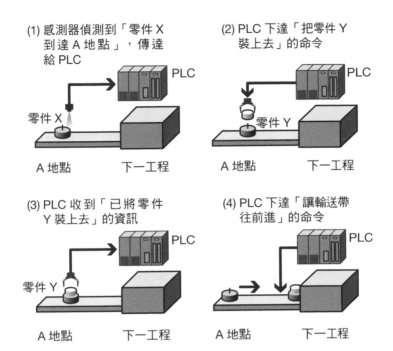

(1) 感測器偵測到「零件 X 到達 A 地點」，傳達給 PLC

(2) PLC 下達「把零件 Y 裝上去」的命令

(3) PLC 收到「已將零件 Y 裝上去」的資訊

(4) PLC 下達「讓輸送帶往前進」的命令

圖 5-3　PLC 外觀（建置式）

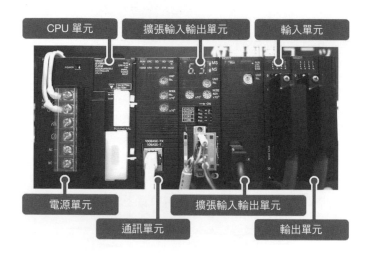

CPU 單元

擴張輸入輸出單元

輸入單元

電源單元

通訊單元

擴張輸入輸出單元

輸出單元

圖 5-4　設置在控制盤中的 PLC

PLC

圖 5-5　人機介面（HMI）外觀

通訊協定

　　所謂的「通訊協定」是在網路中互通資訊時必須遵守的既定規則。就像我們在講電話時，會先講「喂喂喂」再開始交談一樣，機器與機器間在交換資訊時，同樣會做這樣的事。只不過，人和人之間就算沒有先講「喂喂喂」還是一樣能夠開始交談，但機器和機器之間，假如沒有遵守既定規則，就無法交換資訊（圖5-6）。

　　此外，在通訊後面雖然是加上「協定」這兩個字，但網路的配線其實也有一些有形的既定規則（例如：請使用某纜線、某形狀的連接器、交換某頻率的訊號）。

圖 5-6　通訊協定模式圖

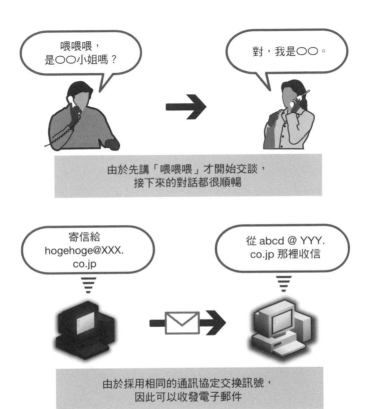

乙太網路

乙太網路是家庭與辦公室所使用之區域網路（LAN，Local Area Network）的規格（圖5-7）。

包括纜線與連接器等「實體」規格，以及要從哪台機器（例如，個人電腦或集線器）傳送訊號到哪台機器，或是確認彼此交換的資料是正常還是損壞等「偏機器面」的通訊規格。

LAN是由以上兩種規格與有助於讓人類更容易使用的「偏人類面」的通訊規格（TCP/IP）共同構成的。

圖 5-7　在乙太網路規格下一般會採用的
100BASE-TX 纜線與 RJ45 連接器

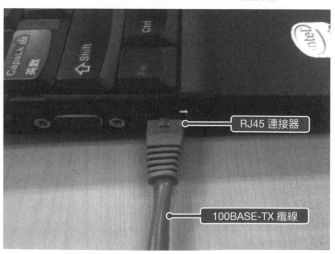

現場網路

　「現場網路」相當於現場機器的神經。順序器在控制的時候，來自感測器的感測訊號與來自致動器的控制訊號會四處流動。

　過去，感測器與馬達等致動器與PLC間的通訊，用的是利用電流或電壓變化的類比訊號。因此在連接時，每台機器都需要一對電線。例如，若以一台馬達利用來自兩個感測器的訊號做控制時，配線會像圖5-8那樣。即使是這麼單純的組合，都需要這麼多的配線，實際由多個感測器／致動器構成的裝置，配線將會變得極為複雜，也會需要龐大的心力與成本設置。

　但隨著現場機器的進步，通訊訊號不再需要靠電流與電壓的變化了，可以使用數位訊號。一旦採用數位訊號，一條配線就能連接多台機器，可節省配線（現場網路）。過去的現場網路由於廠商都採用自己的通訊協定（通訊規格），每當工廠變更或追加機器時，不是必須使用同一廠商的物品，就是必須先把廠商的機器經過客製化調整過後才能使用（圖5-9）。

　近年來，現場網路的規格走向統一化（開放式現場網路）。在開放式現場網路中，由於可連接多家廠商的機器，在挑選機器時，可以不限於特定廠商的產品（圖5-10）。

　代表性的開放式現場網路包括DeviceNet、CC-Link、Modbus、ProfiBus等，各由不同的機構或團體制定規格與經營。

參考資訊：

開放設備網路廠商協會ODVA（Open DeviceNet Vendor Association）→ http://www.odva.org/

有歐姆龍（Omron）、洛克威爾自動化（Rockwell Automation）等公司參加

CC-LINK協會→ http://www.cc-link.org/

有三菱電機等公司參加

Modbus Organization→ http://www.modbus.org/

有施耐德電機（Schneider Electric）等公司參加

日本PROFIBUS協會→ http://www.profibus.jp

有西門子（Siemens）、博世（Bosch）等公司參加。

圖 5-8　機器與 PLC 直接配線的例子

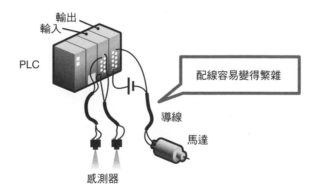

圖 5-9　現場網路的配線狀況

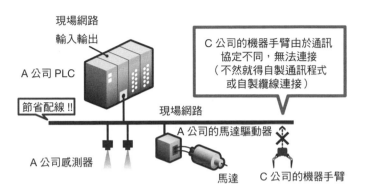

現場網路
輸入輸出

A 公司 PLC

C 公司的機器手臂由於通訊
協定不同，無法連接
（不然就得自製通訊程式
或自製纜線連接）

節省配線!!

現場網路

A 公司的馬達驅動器

A 公司感測器

馬達

C 公司的機器手臂

圖 5-10　開放式現場網路的配線狀況

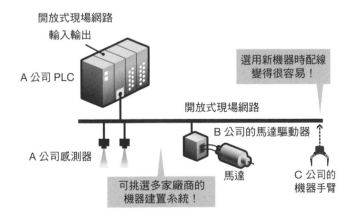

開放式現場網路
輸入輸出

A 公司 PLC

選用新機器時配線
變得很容易！

開放式現場網路

B 公司的馬達驅動器

A 公司感測器

可挑選多家廠商的
機器建置系統！

馬達

C 公司的
機器手臂

控制器網路

「控制器網路」是「PLC與電腦」「PLC與HMI」「PLC之間」用於通訊的網路。使用者可以進行「設定從電腦傳到PLC的各種資料」「取得與監看來自PLC的資料」「透過HMI啟動或停止PLC，或監看PLC的狀況」等動作。此外，PLC之間也可以藉此共享資料。

直到二〇〇〇年代初期為止，PLC廠商自己的專用網路仍為主流，連接時必須使用廠商指定的纜線，或是採用自製的纜線（圖5-11）。

現在，採用乙太網路（辦公室或家庭的LAN所使用的規格）的比例漸高，配線變容易了（圖5-12）。

儘管如此，由於各PLC供應商的通訊協定依然不同，PLC與電腦間要交換資料時，就必須準備各公司PLC用的應用程式。為解決此一問題，有人才制定了名為OPC的共通介面規格（詳見OPC條目）。

圖 5-11　供應商自己特有的網路

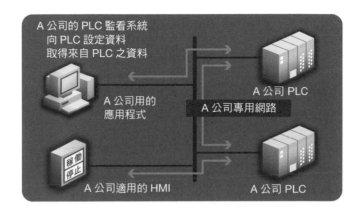

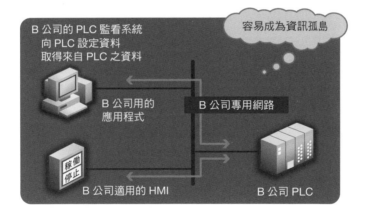

圖 5-12　使用乙太網路的控制器網路連接示例

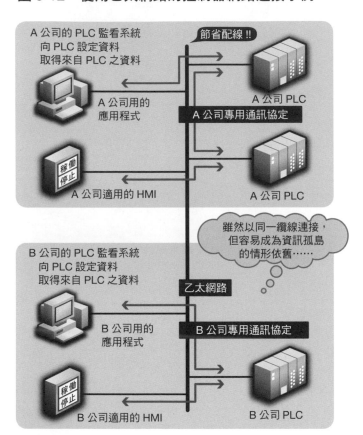

工業乙太網路

　　由於原本用在辦公室或家庭的LAN的乙太網路很方便，從控制器網路到現場網路，希望將之應用在工廠每個角落的需求，愈來愈高（圖5-13）。

　　然而，網際網路或電子郵件所能容許的以幾秒為單位的延遲，對於工廠機器來說，就可能成為致命性的延遲，也有造成瑕疵品出現或引發事故的危險性。

　　因此，工廠內的乙太網路，必須具備一般乙太網路所沒有的即時性。也就是說，「在一定時間內，一定要能夠通訊」。此外，還必須對於工廠內的粉塵以及電氣雜訊具有抗性。為區分滿足這些條件的乙太網路與既有乙太網路，就以「工業乙太網路」稱之。

　　工業乙太網路的代表性產品有：乙太網路/IP、CC-Link IE、Modbus TCP/IP、PROFINET等。為確保即時性，它們在既有的乙太網路通訊協定外，還具備了自己特有的通訊協定。

　　截至二〇一〇年現在為止，管理開放式現場網路的機構或團體，已著手開發工業乙太網路，好把既有的開放式現場網路替換為乙太網路。以下團體都經手了規格的制定、管理、營運等事宜（參見「現場網路」條目）。

　　乙太網路/IP→開放設備網路廠商協會ODVA（Open

DeviceNet Vendor Association）

　　CC-Link IE→CC-Link協會

　　Modbus TCP/IP→Modbus Organization

　　PROFINET→日本PROFIBUS協會

　　目前，適用工業乙太網路的機器漸漸增加，往後的技術發展令人期待。但二○一○年的此時可以說仍處於過渡期。

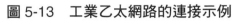

圖 5-13　工業乙太網路的連接示例

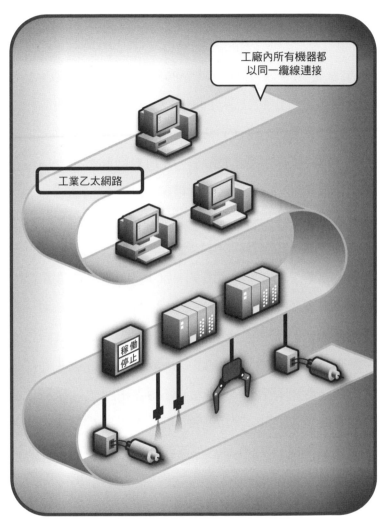

OPC

「OPC」是為了讓「多家供應商的PLC」與「電腦」之間更容易交換資料而訂定的共通介面規格。在技術上採用的是由微軟所提倡的軟體間通訊技術COM/DCOM。

目前，PLC與電腦間通訊時，各PLC廠商都是採用自家的獨特通訊協定。因此，要讓「多台電腦」與「多家供應商的PLC」之間彼此互通有無時，每台電腦都必須具備能夠與各供應商的PLC溝通的介面，以及與之相對應的應用程式（圖5-14）。

此外，新導入其他供應商的PLC時，就必須理解新的通訊協定，並變更應用程式以求適用之。

相較之下，只要採用OPC技術，就能交給OPC伺服器吸收掉不同供應商的通訊協定間的差異，成為共通介面（有如懂得各式語言的口譯般的存在），因此從電腦應用程式端來看（正確來說，存取OPC伺服器的應用程式稱為OPC用戶端），就可以不必在意是哪家供應商的PLC，在共通的形式或手續下，存取PLC端的資料（圖5-15）。

在導入其他新供應商的PLC時，由於OPC伺服器同樣理解其通訊協定，應用程式端不必特別再做什麼改變，照著原本的方法就能存取新PLC的資料。

雖然多家廠商都發售OPC伺服器用戶端產品，但因為規格是公開的，用戶還是能夠視需求的不同，自行製作OPC伺服器

用戶端工具。

　　順帶一提，若要得到日本OPC協議會的認定，必須接受協議會成員的相互連接測試。對應的開發語言包括C++、C#、Visual Basic等。

　　參考資訊：日本OPC協議會→http://www.opcjapan.org/

圖5-14　多家供應商的 PLC 與電腦間的資料交換

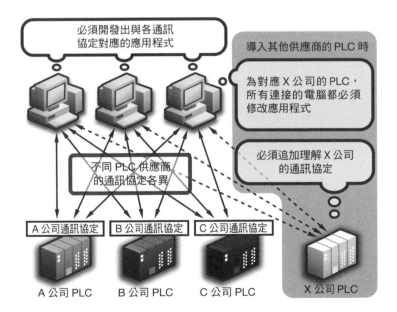

圖 5-15　透過 OPC 伺服器交換資料

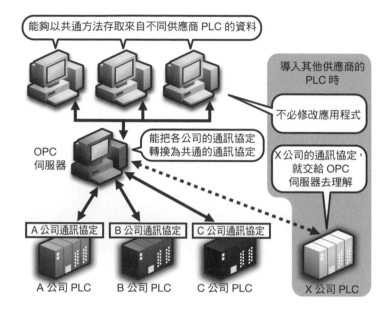

RFID

「RFID」是「無線射頻辨識系統」（Radio Frequency Identification）的縮寫。它是一套利用「名為RFID標籤的微小無線晶片」與「名為RFID標籤讀取器的收訊機」，識別人與物品的管理系統。目前是頗受矚目的取代條碼的技術。

既有條碼有它的問題點存在：其一是一旦沾到髒汙或水滴，就會發生讀取錯誤；其二是一旦掃描器沒對準條碼，就讀不出來。

相較之下，RFID由於是透過電波與電磁波通訊，不受髒汙等因素影響，就算判定所在位置的精確度不高，還是能夠通訊。此外，除了讀取來自標籤的資料外，還可以寫入資料。標籤上能保存的最大資料容量是八○○○位元。

只要在每個產品序號上加上RFID標籤，就能把各序號在各工程中的檢查結果寫進去。此外，只要把標籤附在運輸箱上，也可以用來管理零件的投入。RFID標籤讀取器的種類很多，有的可連接PLC，有的可透過乙太網路直接連上電腦，有的是手握式的，可透過無線和電腦等機器交換資料；它也是能夠把實際生產數據「可視化」的有效工具。

電力‧電量感測器

　　「電力‧電量感測器」是用來連接機器與電源,以測定電力消費量之用。可測定各機器、各工程、各樓層的電力消費資料。只要使用可對應分割型CT(Current Transformer,變流器。即為用於測量電流的機器,以夾住電線的方式設置)的電力測量器就能設置,不必對電源動什麼大工程(圖5-16、圖5-17)。電力‧電量感測器有很多種類,有的可連接PLC,有的可透過乙太網路直接連上電腦,有的是手握式的,可透過無線和電腦等機器交換資料。

圖 5-16　小型電量感測器(右)與分割型 CT 之外觀(左)

資料記錄器

　　「資料記錄器」能夠「即時」且「自動」地蒐集來自各感測器的資訊，像是所消費的電量等。其形態可分為「把資料記錄器的專用機器直接連上現場網路蒐集資料」以及「透過控制器網路，利用電腦上的軟體蒐集資料」等（圖5-17）。取得的資料可以儲存於資料庫中，也可以儲存為能夠在Excel等軟體中編輯的檔案格式。

圖 5-17　利用電腦的資料記錄器

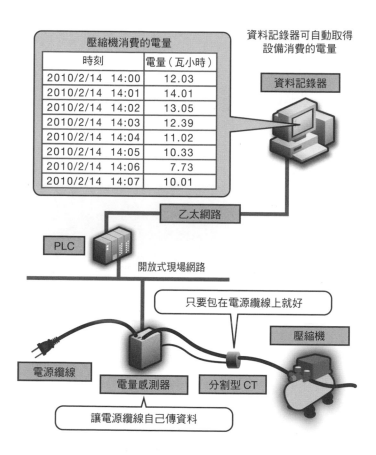

三層式架構

　　所謂的「三層式架構」，是一種製造業把「生產計畫」到「實際製造」為止分成三個階層的概念。分別是「生產計畫系統（ERP/MRP）」「製造執行系統（MES）」與「控制系統（PLC）」。這是一九九〇年，由AMR（Advanced Manufacturing Research）在提出MES概念時同時發表的（圖5-18）。

　　MES的功能在於，處理存在於生產計畫系統與第一線實際狀況之間的資訊脫節現象。MES把ERP所下達的「生產什麼」的資訊，消化為符合第一線實際狀況的「如何生產」的資訊，再傳達給製造第一線（PLC）。製造第一線則即時把「剛才是如何生產的」回傳給MES，MES再從這些資訊當中抽出必要資訊，以「剛才生產了什麼」的形式回傳給ERP。透過諸如此類的資訊交換，把三個階層無縫地連結在一起。

　　由於對應開放式現場網路與乙太網路的機器普及，以及OPC技術的進步，就連一直以來大家認為不可能連上網路的終端現場機器，現在都能連上網路了（圖5-19）。再者，只要使用RFID等技術，從零件進貨、製造一直到出貨為止的各式資訊，都可以即時地、自動地做好管理，而且是在無紙的狀況下。此外，只要使用小型電力測量器或壓力計、流量計，過去無從得知的各機器的能源使用量，也變成能夠取得。把生產的實際數據與各機器的能源使用量，和ERP所掌握的資訊組合在一起，就能

從前所未有的切入角度展開改善活動。

圖 5-18　三層式架構的概念圖

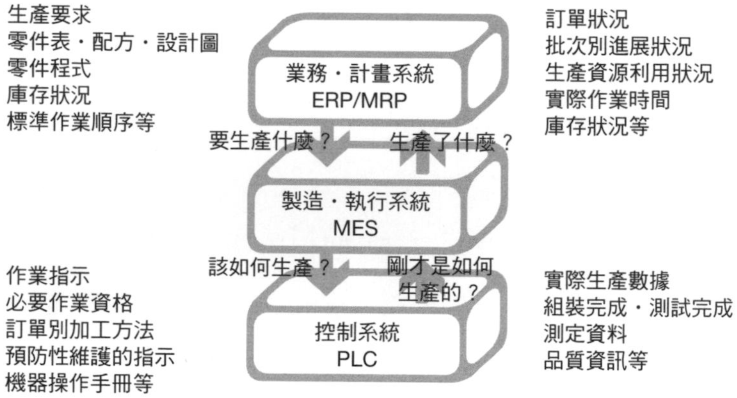

生產要求　　　　　　　　　　　　　　　　　　訂單狀況
零件表・配方・設計圖　　　　　　　　　　　　批次別進展狀況
零件程式　　　　　　　　　　　　　　　　　　生產資源利用狀況
庫存狀況　　　　　　　　　　　　　　　　　　實際作業時間
標準作業順序等　　　　　　　　　　　　　　　庫存狀況等

業務・計畫系統
ERP/MRP

要生產什麼？　　生產了什麼？

製造・執行系統
MES

作業指示　　　　該如何生產？　　剛才是如何　　實際生產數據
必要作業資格　　　　　　　　　　生產的？　　組裝完成・測試完成
訂單別加工方法　　　　　　　　　　　　　　　測定資料
預防性維護的指示　　控制系統　　　　　　　　品質資訊等
機器操作手冊等　　　PLC

圖 5-19　從 ERP 到現場機器無縫連結的示例

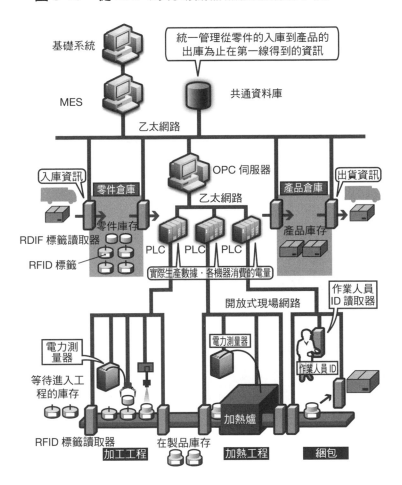

參考文獻

《生產第一線資訊化手冊》（暫譯，原書名『生産現場情報化ハン
　　ドブック』，ISBN：978-4769371304），「生產第一線資訊
　　化手冊」編輯委員會編，工業調查會出版，二〇〇四年
《OPC實踐指南》（暫譯，原書名『OPC実践ガイド』，ISBN：
　　978-4905957225），日本OPC協議會監修，工業技術社出
　　版，二〇〇五年
《工廠通訊網路入門》（暫譯，原書名『工場通信ネットワーク入
　　門 』，ISBN：978-4526057786），元吉伸一編，日刊工業
　　新聞社出版，二〇〇六年
《工業乙太網路入門》（暫譯，原書名『産業用イーサネット入
　　門（Industrial Computing Series）』，ISBN：978-
　　4789840866），內藤辰彥／渡邊紀編，CQ出版社出版，二
　　〇〇九年

何謂 J 成本

背景

　　在豐田生產方式的第一線改善中，一向都是基於「只要好好實現 Q（透過自働化確保品質）、向 D（即時生產 JIT，也就是縮短前置時間）邁進，C（收益）就會跟著來*」這樣的思想，在推動第一線的改善（《回歸原點：豐田方式的管理會計》，暫譯，原書名『トヨタ原点回帰の管理会計』）。然而，減少庫存與縮短前置時間（D），在會計上無法評價，一旦減少工時等因素促使人事成本降低（C）之類降低成本的效益到達界限，往往就很難再改善下去。

　　對此，製造大學榮譽教授田中正知（前豐田汽車生產調查部部長），在二〇〇四年發表了「J 成本論」，作為從會計角度說明 JIT 的一套理論。

何謂 J 成本

　　一直以來，多半都是用「獲利率」作為評價收益性的指標，也就是「相對於所投入的費用，得到了多少利潤」。然而，這個指標分辨不出「一個月賺到十萬日圓利益」與「兩個月賺到十萬

日圓利益」之間的差異。相較之下，J成本論卻能夠從「花費多少費用，投入多少時間，得到多少利潤」的角度，根據獲利率評價收益性。二者的算式如下所示：

過去以獲利率評估的收益性＝利潤（日圓）／費用（日圓）
J成本論下的收益性評鑑指標＝利潤（日圓）／費用（日圓）
×期間（年）

在J成本論的收益性評價指標下，把分母（金額×時間）的面積定義為資金量，此一資金量稱為J成本（單位：日圓・年）（圖5-20）。

此時，若得到的利潤固定，為改善評鑑指標，一是減少投入的金額（縱軸），二是縮短投入的時間（橫軸）。

前者可藉由C（降低成本）改善，後者可藉由D（縮短前置時間）改善。J成本論中的改善，不是靠C或D其中一項，看的是J成本的面積是否縮小。

圖5-20　J成本定義

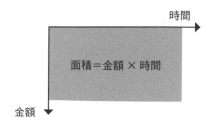

J成本的測定

　　對於那種到完成產品為止的前置時間特別長的企業來說，也就是那些包括半成品在內的庫存比較多，導致存貨的週轉天數比較長的企業，利用J成本論推動改善，特別有效。改善首先要從測定J成本著手。此外，J成本的測定，是以一單位的產品為對象。

　　要測定某產品X的J成本時，就必須鉅細靡遺地追蹤從零件到貨，一直到做成商品出貨為止的「在哪裏接受怎樣的處理，花了多少時間與費用，資訊又是如何流動」這樣的資訊。這時要測定的是，從零件到貨到產品出貨為止的時間。

　　也就是說，包括「用於製造的零件的入庫・出庫時間」「零件出庫後到擺到生產線旁邊為止的移動時間」「零件擺在生產線旁的時間」「加工與工程時間」「其間的等待時間」「完成品的入庫・出庫時間」等。利用這些資訊做成的圖，稱為J成本圖（圖5-21）。

　　以橫軸為時間，把各狀態下花費的時間畫出來（A,B,……I），並以縱軸為費用，把隨著時間的經過累計投入的費用（α，β,……δ）畫出來。各狀態的面積（a,b,……i）就代表各工程投入的資金量，全部加總起來就是X產品的J成本。

圖 5-21　J 成本圖

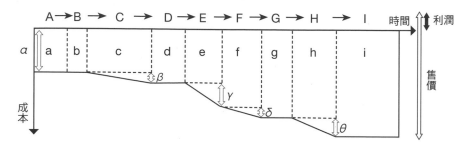

產品 X 的資金投入量＝ J 成本的總計＝ a+b+……h+i

產品 X 的收益性評價指標＝產品 X 的毛利／J 成本總計

J 成本圖的利用

　　測定出來的 J 成本，可以在畫成圖示之後，從視覺的定量的角度掌握「第一線的哪些地方仍有改善餘地（哪個工程？是費用的部分還是前置時間的部分？）」「哪個地方應優先改善？」等資訊。

　　此外，可比較改善前後的 J 成本，就能定量算出改善的程度了。

財務會計對即時生產的評價

在J成本論裏，可以利用財務報表裏的指標，評價第一線的收益性。要評價企業的經營成績，除了營收與獲利率外，尚有「總資產報酬率」（ROA）、「股東權益報酬率」（ROE）等指標。

在此，我們試著以「存貨資產報酬率」作為評價第一線收益性的指標探討看看。所謂的「存貨資產報酬率」，是把分母的總資產換成「反映第一線能力的存貨資產」，再把分子的經常利益換成「把因為營業而導致的利益增減排除在外的毛利率」。

存貨資產報酬率＝毛利（日圓／年）／存貨資產金額（日圓）

此一計算式中使用的存貨資產，是財務報表中的指標。

相較之下，J成本論中的存貨資產，是把存貨資產金額再乘以期間所得到的面積（存貨資產的J成本）。

若

p=銷貨成本（日圓）
q=存貨資產金額（日圓）
t=庫存期間（年）

那麼

t:1=q:p

$\therefore$ t=1$\times$q／p=q／p

存貨資產週轉一次的J成本＝存貨資產金額（日圓／年）×庫存期間（年）＝q×q／p（日圓・年）……①

期初原本為o日圓的銷貨成本，隨時間增加，期末變成p日圓。若存貨資產的金額為q，一年間變成p日圓的銷貨成本，以半成品、庫存的形式留存於公司內部的期間所造成的J成本，就是圖3的菱形部分的面積。

接著，來找一下存貨資產的收益性之評價指標。這裏用存貨資產週轉一次計算。若毛利為u（日圓／年），存貨資產週轉一次的毛利如下所示：

u（日圓）／（1〔年〕／t〔年〕）＝ut（日圓）
＝u×q／p（日圓）……②

若根據①與②計算，

存貨資產的J成本之收益性評價指標
＝週轉一次的毛利（日圓）／存貨資產週轉一次的J成本（日圓・年）

圖22　J成本的存貨資產

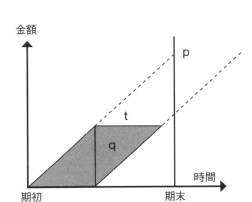

$$= （u〔日圓〕×q／p〔日圓〕）÷（q〔日圓〕×q／p$$
$$〔年〕）$$
$$=u（日圓）／q（日圓／年）$$
$$=毛利（日圓／年）／存貨資產金額（日圓）$$

　　由此可知，週轉一次的評價指標，與財務報表中的存貨資產報酬率是一樣的。

---

*參考文獻：摘自《回歸原點：豐田方式的管理會計》（暫譯，原書名『トヨタ原点回帰の管理会計』，ISBN：978-4502296000）第六章〈J成本論的改善活動〉，河田信編著，中央經濟社出版，二〇〇九年

譯名對照

（按：頁碼為首次出現在本書中的位置）

【企業、組織名稱】

【專有名詞】

【人名】

圖表索引

國家圖書館出版品預行編目資料

智慧工廠：迎戰資訊科技變革，工廠管理的轉型策略／清威
人著；江裕真譯. -- 初版. -- 臺北市： 經濟新潮社出版：家庭傳
媒城邦分公司發行, 2018.01
面；　公分. --（經營管理；144）

ISBN 978-986-95263-6-4(（平裝）

1.工廠管理　2.組織文化　3.企業領導

555.6   106022931